ACTA ET VERBA

L'enseignement du droit.
L'enseignement primaire professionnel.
Les consultations juridiques. — L'avocat en Haïti.
La liberté individuelle. — La liquidation judiciaire.
Haïti et ses détracteurs. — Mgr Lavigerie et la traite des noirs.
Rêve et Réalité.
M. B. Lallemand. — A. Lara-Miot.
Eugène Margron. — Louis Séguy-Villevaleix.

PAR

JUSTIN DÉVOT

AVOCAT,
PROFESSEUR A L'ÉCOLE NATIONALE DE DROIT DE PORT-AU-PRINCE.

PARIS

LIBRAIRIE COTILLON
F. PICHON, SUCCESSEUR, ÉDITEUR,
Libraire du Conseil d'État et de la Société de législation comparée
24, RUE SOUFFLOT, 24

1893

ACTA ET VERBA

DU MÊME AUTEUR :

La Nationalité, 1 vol. in-8. — F. Pichon, éditeur, 24, rue Soufflot, Paris.— 1893.

ACTA ET VERBA

L'enseignement du droit.
L'enseignement primaire professionnel.
Les consultations juridiques. — L'avocat en Haïti.
La liberté individuelle. — La liquidation judiciaire.
Haïti et ses détracteurs. — Mgr Lavigerie et la traite des noirs.
Rêve et Réalité.
M. B. Lallemand. — A. Lara-Miot.
Eugène Margron. — Louis Séguy-Villevaleix.

PAR

JUSTIN DÉVOT

AVOCAT,

PROFESSEUR A L'ÉCOLE NATIONALE DE DROIT DE PORT-AU-PRINCE.

PARIS

LIBRAIRIE COTILLON

F. PICHON, SUCCESSEUR, ÉDITEUR,

Libraire du Conseil d'Etat et de la Société de législation comparée

24, RUE SOUFFLOT, 24.

1893

A HAÏTI

Tu ne périras pas, car tu es aimée!

Il faut aimer son pays comme on aime sa mère, sans phrase et sans apprêt.

JUSTIN DÉVOT.

« Mais petite ou grande, riche ou pauvre, tu « es ma mère, et je t'aime comme un bon fils. »

EDMOND ABOUT.

« Dites-vous d'abord : qu'ai-je fait pour « mon instruction? Puis, à mesure que vous « avancerez : qu'ai-je fait pour mon pays? « Jusqu'au moment où vous aurez peut-être « cet immense bonheur de penser que vous « avez contribué en quelque chose au pro- « grès et au bien de l'humanité. Mais que « les efforts soient plus ou moins favorisés par « la vie, il faut, quand on approche du grand « but, être en droit de se dire : « *J'ai fait ce* « *que j'ai pu.* »

M. PASTEUR.

« Des écoles, des écoles, tel doit être aujour- « d'hui le mot d'ordre de tout bon Haïtien. « Que les écoles, la concorde et le travail fas- « sent grandir Haïti dans l'avenir prospère « qui l'attend et qu'elle mérite. »

V. SCHOELCHER.

« Oui, la terre de Saint-Domingue recèle « des trésors immenses, incalculables; mais « pour les obtenir, trois choses sont indis- « pensables : la liberté, la paix, le travail. »

TOUSSAINT-LOUVERTURE.

PRÉFACE.

De quoi vous parler, ami lecteur, dans cette préface, ou plutôt dans ces quelques pages préliminaires, si ce n'est de la Patrie, des espérances communes que nous plaçons en elle et aussi, hélas! des douloureux sentiments que le spectacle de ses maux suscite en nous. C'est elle, c'est l'idée de Patrie, le désir d'améliorer son sort qui forme le lien des divers morceaux qui composent ce volume et que j'ai réunis, les jugeant susceptibles d'intéresser le public qui veut bien prêter à mes publications sa bienveillante attention, et particulièrement la jeunesse, la génération montante, espoir de l'avenir, dont il est si agréable d'obtenir l'audience, quand on croit avoir quelque chose à dire pour le bien commun.

Vous trouverez d'abord en ce livre, ami

lecteur, quelques écrits publiés à des dates différentes, et se rapportant à l'enseignement public, à celui du Droit tout spécialement. J'y ai noté l'effort fait par un de nos gouvernements passés pour fonder l'enseignement méthodique du Droit en notre pays, un de ceux dont on pourrait dire, paraphrasant la parole évangélique : *il lui sera beaucoup pardonné, parce qu'il a beaucoup fait pour l'instruction publique.* J'y rappelle ensuite la noble et patriotique initiative prise par un groupe de citoyens en 1887, en pleine période de prostration nationale, sous Salomon, de créer à Port-au-Prince même, à quelques îlets du palais où trônaient le despotisme et l'arbitraire, une École de Droit où allaient retentir des leçons sur la justice, les droits du citoyen, la liberté civile et politique. Vous verrez que cette entreprise eut un plein succès, ce qui prouve que, dans notre petit pays si dénigré, il se rencontre et se trouve toujours, quand on les cherche, des volontés prêtes pour le bien. Donnez-vous la peine de parcourir la liste de souscripteurs à l'Ecole libre de Droit de 1887 mise en appendice à la fin du volume; vous y verrez les noms d'hommes appartenant, à ce moment là, à des opinions tout-à-fait divergentes qui, sur le terrain politique, n'eussent pas manqué d'entrer en lutte les unes contre les autres. Ces hommes cependant s'unissaient dans une commune participation à une œuvre de progrès. Cette œuvre, il est vrai, répondait à un besoin social réel, ressenti de tous, mais que ne peut l'esprit de désunion sur les membres d'une même collectivité — et l'on sait si ce mauvais esprit là, attisé par Salomon, soufflait ferme sur les malheureux enfants d'Haïti! Tout le monde cependant, en dépit de quelques essais de propagande malveillante, eut confiance dans la réussite. C'est que de sérieuses précautions furent prises pour faire naître et alimenter cette confiance, combattre la méfiance naturelle du public devenu sceptique et incrédule sous les coups réitérés de déceptions souvent cruelles, au spectacle d'avortements d'idées triomphalement claironnées par toutes les bouches de la publicité. Il fallait lui répéter, au public, les célèbres paroles du couplet liturgique :

Vide Thomas, vide latus,
Vide pedes, vide manus;

. . . .

Ce qu'on lui fit voir en effet : c'est que les initiateurs de l'œuvre étaient armés de l'inébranlable volonté de la faire réussir; qu'ils ne poursuivaient la satisfaction d'aucune ambition, d'aucun intérêt personnel; que les souscripteurs étaient assurés du bon emploi des fonds souscrits tous versés à la Banque nationale au fur et à mesure de leur perception, que le maniement de ces fonds serait confié à des hommes d'une probité reconnue, poinçonnée par le temps comme un métal au titre pur; que le contrôle de la souscription était rendu facile au premier venu car tout le monde, par la voie des journaux port-au-princiens fut pris pour confident des recettes effectuées, que l'amour pur et sans mélange du bien public animait l'œuvre et en était le soutien.

Eh bien! je pose en fait, à l'encontre de tous les scepticismes et de tous les découragements prêts à jeter leur éternel : *à quoi bon?* sous les pas du patriote d'action, que toute entreprise d'utilité générale, propre à satisfaire un besoin public certain, conduite avec la même honnêteté scrupuleuse, le même esprit de décision, réussira en notre pays, car, je le redis, ils sont nombreux, beaucoup plus nombreux qu'on ne le croit, les Haïtiens disposés à accourir à l'appel jeté d'une voix franche et ferme, dans l'intérêt supérieur de la Patrie.

Vide Thomas, Vide manus,

. . . .

Oui venez, voyez, contrôlez, touchez du doigt, et prêtez-nous votre concours.

Faites-en l'essai, jeunes gens qui arrivez ; organisez sur ces bases vos œuvres et vos entreprises et puis accourez m'en dire ensuite des nouvelles. Je vous garantis le succès.

*
* *

L'horizon s'éclaircit et s'élargit devant la jeunesse actuelle. Ceux de ma génération accablés, opprimés jusqu'à l'étouffement sous le poids des fautes, des funestes égarements de ceux qui les précédèrent, n'ont guère eu jusqu'ici qu'à assister, la tristesse en l'âme, à l'effondrement des rêves et des projets patriotiques des hommes politiques, leurs devanciers, qui voulurent travailler au relèvement de la Patrie. Ils ont à se défendre contre les atteintes du doute et du découragement dont les racines ont pénétré les cœurs et s'y sont développées. Ils ont été les spectateurs des âpres luttes passionnées de la politique tournant à la tuerie sanglante et désordonnée, des tentatives de l'ambition forcenée prête à user des armes les plus criminelles pour parvenir à ses fins, en usant, et réussissant à emporter la position, à s'y asseoir, triomphante, adulée, dédaigneuse du grand et définitif jugement de l'histoire. Elle a vu les bouches pleines de déclamations creuses, de promesses menteuses, de protestations gesticulantes, et les cœurs remplis de perfidie, d'implacable égoïsme, de convoitise acharnée. Elle a entendu les paroles pompeuses, et elle a enregistré les actes qui les suivirent, les effaçant, les liquéfiant, les dissolvant. Elle a lu les proclamations révolutionnaires et leurs tirades alléchantes, les programmes sauveurs, et cherchant dans les faits la consécration des belles phrases enflammées et radieuses....., elle a dû se convaincre qu'au contact de la réalité elles s'étaient anéanties aussi promptement, aussi facilement qu'une bulle de savon que touche le doigt d'un enfant et qui laisse sur le sol une petite place boueuse. Elle a vu fusiller un président d'Haïti sur les ruines fumantes de son palais, au cri vibrant et mille fois répété de *Vive la Constitution!.....* et cette constitution, elle l'a vu mépriser, outrager, lacérer; elle l'a vu subir toutes sortes de violations. Elle a vu des hommes — qu'on estime et juge grands depuis qu'ils ne sont plus — s'élever contre le vol et le gaspillage des deniers publics, combattre, lutter pour régulariser les affaires de l'Etat, plier les esprits au respect de la loi — et le peuple trompé, berné, n'y voyant que du bleu, rejeter ces hommes de son sein et les repousser vers une terre étrangère dont le plus grand nombre ne revinrent pas. Elle a vu tout cela, notre pauvre génération..... et bien d'autres choses encore! Ah! vraiment! pour ne pas se désespérer et essayer de redresser la barre, il faut qu'elle ait la foi et le courage rudement chevillés à l'âme.

Ceux qui arrivent, à l'heure présente, les jeunes gens de 16 à 22 ans, ont la chance de respirer et de pouvoir se développer dans une atmosphère morale et politique moins imprégnée de senteurs de guerre et d'idées de destruction. Il semble que les dernières catastrophes subies aient eu pour effet — du mal sort quelquefois le bien, dit-on, — de soustraire les esprits à la contagieuse influence de l'ambition politique cherchant à se satisfaire par les pires moyens. Les idées de paix sont sérieusement adoptées par la majorité du peuple chez qui les fauteurs de troubles et d'insurrections ne trouveront plus créance. L'opinion s'établit, s'étend, se fortifie de plus en plus que le pouvoir suprême, la première fonction de l'Etat, la présidence de la République ne saurait être la récompense d'un général sorti vainqueur d'une lutte armée d'Haïtiens contre Haïtiens... Non, cela ne doit pas être, ne peut pas être chez un peuple qui se respecte et se soucie du maintien de sa dignité et de son prestige; nos jeunes gens le savent, le comprennent, le sentent et cette réaction de la jeunesse contre les vieilles traditions militaires, les habitudes de conquête du pouvoir à la pointe du sabre, l'impossibilité de gagner désormais son appui et son adhésion par de pareils procédés, sont une des plus précieuses acquisitions du temps présent. Il y a là un gage presque certain de paix et de stabilité gouvernementale.

Ce point acquis, nos jeunes gens n'auront plus qu'à marcher de l'avant, sérieusement, fièrement, en patriotes, après s'être munis de connaissances solides, d'un fonds bien consistant d'instruction professionnelle, condition indispensable de réussite pour qui veut toucher aux affaires de la nation et les manier avec sûreté.

Mêlés aux devanciers, aux vieux patriotes qui ont l'expérience, la connaissance des hommes et dont quelques-uns portent au cœur un patriotisme aussi chaud et aussi ardent que celui du plus jeune d'entre nous, ils agiront, à côté d'eux, d'accord avec eux, les éclairant sur les procédés, les systèmes nouveaux d'éducation, d'instruction, d'organisation administrative, se faisant près d'eux les avocats persistants et convaincus de la cause du progrès, les décidant à les suivre dans leur marche en avant. Oui certainement, là est l'avenir, là est le succès : dans cette harmonie des sentiments, dans cette union des cœurs, dans cette alliance des énergies et des volontés pour la transformation de notre état social.

Et en le disant, ou plutôt en le répétant ici, je me fais l'écho d'idées que la presse entière préconise et qui, répandues par elle, tendent à s'emparer, mais pour de bon, de toutes les têtes. Mes considérations ne partent point d'un optimisme outré.

*
* *

Une question qui préoccupe vivement les hommes de progrès, c'est celle de l'instruction publique. A l'heure où j'écris un grand mouvement scolaire se dessine très nettement. Tous, le gouvernement en tête, ressentent la nécessité de réorganiser nos écoles, d'y introduire des études substantielles, des programmes bien faits, des maîtres bien préparés et pénétrés de la grandeur de la mission — du sacerdoce, dirais-je — dont la nation les investit. Les écoles ne manquent pas sur notre terre d'Haïti. Geffrard en établit un grand nombre qui ne prospérèrent pas toutes et dont quelques-unes ont disparu, je crois ; mais il ne serait pas exact de dire qu'il y ait disette d'écoles ! Non. Mais qu'y fait-on, dans ces écoles ? Quelles méthodes y règnent, quels programmes y sont suivis ? Quels maîtres y sont chargés de l'enseignement ? Les inspecte-t-on ? Sont-elles peuplées et à quel chiffre s'élève, pour toute la République, la population scolaire ? L'instruction primaire, par des sanctions sérieuses, est-elle rendue effectivement obligatoire ? S'occupe-t-on de la situation des enfants mis en apprentissage par leurs pères et mères chez les bourgeois des villes ? Prend-on des mesures pour s'assurer s'ils y reçoivent les premières et indispensables notions sur les connaissances humaines ? Voici, pour ceux qui s'intéressent à l'avenir du pays, des choses très importantes à connaître ? Malheureusement, les réponses que fournissent, non par une statistique détaillée qui n'existe point, mais par des déclarations générales, les exposés officiels, sont loin d'être rassurantes. A en croire même les journaux, l'un d'eux surtout dont les lamentations sur l'état de l'instruction primaire et secondaire font mal à entendre, nos écoles se trouvent dans la plus déplorable des situations. Il faut les relever, les remanier, les refondre de fond en comble? Quoi! nous en sommes-là? Le pire ennemi de notre nationalité, l'ignorance, menace de s'installer chez nous, de s'y étaler, de s'y mettre à l'aise et personne, jusqu'à ces derniers temps, ne criait gare! Quelle calamité! Oh! que je comprends bien les lamentations et les cris d'alarme de la presse. Mais, grands dieux! il n'y a pas de temps à perdre. Les choses sont à réformer, qu'on les réforme dare-dare, sans barguigner, demain, aujourd'hui, tout de suite. Notre vieux lycée national, qui connut des jours de gloire, qu'est-il devenu? Nos écoles secondaires, nos écoles primaires soigneusement établies et pourvues par Geffrard et ses ministres, quel sort leur a-t-on fait? Faudrait-il se ressouvenir à propos d'elles, du vers mélancolique de François Villon :

Mais où sont les neiges d'antan?....

Que non, n'est-ce pas? Notre pays n'est pas si près que cela de la tombe, car la mort de l'enseignement public y serait le signe avant-coureur de la mort prochaine de tout. Non! nous avons écouté et enregistré avec un vif sentiment d'espoir les patriotiques déclarations du chef du gouvernement; il y a dans le pays beaucoup de jeunes hommes compétents en matière pédagogique ou qui peuvent le devenir, en s'en donnant la peine; leur concours ne fera jamais défaut au Secrétaire d'Etat de l'instruction publique, grand maître de l'Université d'Haïti. Ceux qui déjà sont à la tâche ne demandent certainement qu'à bien faire; il ne leur manque qu'un peu de stimulant et peut-être aussi — on n'est pas des anges, après tout — une meilleure rétribution des services qu'ils peuvent rendre. Il n'en coûtera pas tant à l'Etat de changer le professorat en une carrière non ingrate, offrant des garanties d'avenir, des chances d'avancement, une certaine sécurité d'esprit à ceux qui l'embrassent. Non, non! tout n'est pas perdu. On va se mettre à l'œuvre; on y est déjà, et l'instruction publique comptera encore de beaux jours en Haïti. — C'est ma conviction; la vôtre aussi, n'est-ce pas, ami lecteur? Car sans cela, sans cela... parbleu, ce serait bien véritablement la fin de tout... *finis Galliæ.* Mais chassons cette sombre idée, et pour nous ragaillardir et nous enfoncer un peu plus dans notre commune croyance que l'instruction publique nous assurera le salut, méditons quelques instants ces paroles d'un soldat... D'un soldat? Oui, d'un soldat, car, en vérité, pour faire comprendre l'efficace et puissante vertu de l'instruction publique, il serait par trop aisé de recourir à Jules Simon, à Jules Ferry, à Camille Sée, etc...., à toute cette pléiade d'écrivains, d'hommes d'Etat, de prédicateurs laïques gagnés à cette noble et grande cause. Les paroles que je veux vous citer sont bien celles d'un soldat, qui ne fut que soldat; elles sont du maréchal de Moltke, les voici : « *L'école est, selon moi, l'endroit où doit s'appliquer la puissance du levier, c'est par là que nous devons chercher un appui contre les dangers qui nous menacent, tant à l'extérieur qu'au dedans..... Ces dangers on ne saurait les éloigner que par des améliorations sociales et par une éducation à la fois plus répandue et plus approfondie* (1). »

Il parlait d'or ce jour-là, le vieux dur à cuire. Son remède convient trop à notre cas, pour ne pas en user. La France du reste, après l'Allemagne, s'en est servie; allez lui demander si elle s'en trouve mal. Et maintenant, jeunes gens, à l'œuvre! Travaillez, travaillez encore, travaillez toujours.....

JUSTIN DÉVOT.

Année 1893.

---

(1) Discours sur l'organisation de l'armée (séance du 16 février 1874, au Reichstag).

PREMIÈRE PARTIE.

L'ENSEIGNEMENT DU DROIT EN HAÏTI.

L'idée de créer à Port-au-Prince une École de droit n'est pas nouvelle. Elle inspira même, en d'autres temps, une tentative dont on retrouve la trace dans les souvenirs laissés par M. E. Dubois de son passage au Ministère, sous le gouvernement du général Geffrard.

Au moment où il va être inauguré à la capitale, par l'action et les efforts de l'initiative privée, une « École libre de droit », il ne sera peut-être pas inutile d'appeler et de fixer pendant quelques instants l'attention du public sur cette question de l'enseignement juridique, question d'importance capitale pour qui considère les heureuses conséquences que peut engendrer au sein de notre société l'enseignement oral du droit donné suivant la méthode et les nouveaux programmes adoptés dans les Facultés de France (1).

(1) Cette étude a paru dans le journal *L'Œil* (n[os] des

I.

M. F.-E. Dubois, dont il convient de rappeler le nom avec déférence et sympathie à cause de ses aspirations bien accusées au progrès, appelé en mars 1859 au ministère de la Justice, s'empressa de reconnaître la nécessité d'instituer une École de droit.

« Une loi sur l'enseignement du droit, dit-il, et par suite une École de droit étaient vivement réclamées par le pays; c'était une de ces nécessités dont il fallait le doter le plus tôt possible: notre magistrature, notre barreau, notre parquet, etc., ont besoin d'être initiés à la science du droit par des études régulières: et d'une École de droit sortiront, outre des magistrats et des avocats, — des greffiers et des huissiers. »

Il inscrivit donc dans son programme l'institution d'une École de droit. Restait à faire passer le projet

---

18 et 25 juin 1887). Depuis, le programme des études pour la licence en droit a été remanié en France. Les études juridiques y sont divisées en deux groupes : le groupe des études judiciaires et le groupe des études économiques et administratives.

de l'ordre des conceptions abstraites, théoriques dans le domaine des choses réelles.

Dans quelle mesure le ministre y réussit, c'est ce que nous allons voir.

Le 27 juin 1859, l'année même de son élévation au ministère, M. Dubois fit rendre par le Corps législatif une loi portant création d'écoles spéciales pour l'enseignement du droit. Cette loi prévoyait et permettait la fondation de ces écoles non seulement à la capitale mais encore sur d'autres points du pays. Cependant, pour le moment, il fallait aller au plus pressé et s'occuper d'organiser et d'installer l'établissement qui devait fonctionner à Port-au-Prince. Ces premiers soins emportèrent plus de sept mois, car ce ne fut qu'au mois de janvier de l'année 1860 qu'on se trouva en mesure de procéder à l'inauguration solennelle de l'École et de pourvoir à son fonctionnement par un règlement d'administration publique pris, conformément à l'art. 8 de la loi du 27 juin, par le secrétaire d'État de la Justice et des Cultes provisoirement chargé du portefeuille de l'Instruction publique.

Livrons-nous à un rapide examen de la principale disposition de ce règlement. Peut-être y trouverons-nous, déjà en germe, une des causes d'insuccès qui, par la suite, enrayèrent la marche de l'École. C'est la disposition déposée dans l'art. 5, concernant le programme de la première année d'études.

L'article porte : « L'enseignement de la première « année comprendra :

« 1° Un cours de droit public.
« 2° » de Code civil (art. 1 à 726).
« 3° » de procédure civile (t. I à t. X).
« 4° » de Code de commerce (art. 1 à 186).
« 5° » d'Instruction criminelle (art. 1 à 123).
« 6° » de Code pénal (art. 1 à 56).

Ainsi, apparaît chez les organisateurs l'intention de faire marcher de front, dès le début des études, *six* cours consacrés chacun à une matière différente. Si bien que le *droit public* dont l'étude ne se doit logiquement faire qu'en troisième et même, pour certaines de ses divisions, en quatrième année, figurait déjà au programme de la première année. De même la *procédure civile* qui, n'étant que la mise en œuvre, en quelque sorte la continuation, au point de vue pratique, du Code civil, ne doit être abordée qu'après l'acquisition par l'élève d'un ensemble assez complet de notions juridiques.

C'était là adopter, il est facile d'en convenir, une méthode irrégulière, défectueuse, rebutante même pour un jeune homme dont l'esprit, forcé de s'appliquer en même temps à tant de matières différentes et si inégalement complexes, reste forcément privé de cette satisfaction qu'on éprouve d'ordinaire à s'élever, dans une marche progressive, du simple au composé.

A cela il est possible d'objecter qu'une pareille marche ne peut être rigoureusement prescrite dans un enseignement ayant pour objet une science sociale car, dans les sciences de cet ordre, toutes les parties sont entre elles dans un rapport d'étroite dépendance, se pénétrant mutuellement l'une l'autre. Il est vrai, mais encore faut-il admettre l'existence entre ces parties d'une hiérarchie précise, bien établie, et concevoir que si, dès les premiers pas faits dans l'étude d'une science sociale, on est forcé d'aborder sommairement des questions dont la complète élucidation ne pourra avoir lieu que plus tard, ces questions ainsi déplacées, à cause du rapport de dépendance tout à l'heure signalée, n'interviennent dans ces premières explications qu'à titre de renseignement purement accessoire, complémentaire. Ce qui constitue et doit constituer la matière de l'enseignement de la première année est toujours et inévitablement, dans un programme bien fait, plus simple et moins complexe que les matières de la deuxième et de la troisième années.

Telle n'est pourtant pas la principale critique que nous ayons à faire de cette organisation due à M. Dubois. Ce qui à nos yeux en fait la faiblesse et devait par conséquent, en entraîner la ruine, c'est la disproportion, au point de vue numérique, existant entre le personnel enseignant et les matières à enseigner.

Il ressort, tant du discours prononcé par M. Dubois à la cérémonie d'inauguration que du compte rendu de la fête publié dans le *Moniteur* du 21 janvier 1860 que l'École n'eut, tout d'abord, que deux professeurs dont l'un, M. J. Saint-Amand, était, à part ses cours, chargé du service de la direction. L'autre professeur était M. Bouldoyre Saint-Pierre, licencié de la Faculté de droit de Paris.

Donc pour *six* cours, roulant sur des matières diverses, seulement *deux* professeurs.

Que pareille chose se pratique en matière d'enseignement primaire et même secondaire, le mal, quoique réel et déjà très grand pour le cas de l'enseignement secondaire, est encore supportable; mais, en ce qui concerne l'enseignement supérieur, il est puéril de croire qu'un professeur, si bien doué soit-il, puisse, étant astreint à passer continuellement d'une matière à une autre, faire des leçons sérieuses, suffisamment substantielles et en même temps assez animées pour intéresser et retenir ses auditeurs et ses élèves.

La chose, ici, était d'autant plus difficile, malaisée, on pourrait ajouter impossible, que le professeur chargé d'enseigner le droit haïtien se voit dans l'obligation d'élever, d'édifier son enseignement sur des textes dont une grande partie n'ont été, jusqu'à nos jours, soumis à aucun commentaire général, à aucune étude doctrinale. Il n'existe pas de traité de droit haïtien. On se sert, pour expliquer nos Codes, en éclairer les parties obscures, en préciser les points douteux, d'ouvrages écrits par des auteurs français en vue soit de la pratique judiciaire de leur pays, soit de son avancement scientifique (1). Or, malgré l'analogie, la similitude même en beaucoup de leurs parties, existant entre la législation haïtienne et la législation française, les deux législations ne laissent pas encore d'offrir des différences nombreuses et, pour la plupart, assez tranchées, nullement ignorées du reste de ceux qui se sont donné la peine d'en faire une étude comparative (2).

Ainsi sur tous ces points, à l'égard de toutes ces

---

(1) Il existe un catéchisme de procédure civile par M. Mullery, défenseur public. Mais l'ouvrage est aujourd'hui à peu près introuvable. Il demanderait du reste à être remanié et mis au courant des progrès de la science. Je dois mentionner aussi les ouvrages, parus depuis cette étude, de M. D. Jean-Joseph sur la justice de paix.

(2) C'est en ce qui a surtout trait au Droit administratif, au Droit commercial, à l'organisation judiciaire, aux questions de nationalité, etc., qu'il faut tenir compte des dissemblances.

matières où le législateur haïtien a jugé utile, à tort ou à raison, de modifier l'œuvre du législateur français, de s'écarter de son modèle, puiser exclusivement les données de ses leçons dans des livres français (traités, commentaires, monographies, recueils d'arrêts, etc.), ce serait s'exposer à donner un enseignement insuffisant, pratiquement incomplet, répondant mal au but naturel d'une École de droit haïtienne; ce serait en quelque sorte imiter l'usage si irrationnel, si choquant pour l'amour-propre national, d'après lequel les événements historiques d'Haïti sont presque toujours négligés, dans les cours d'histoire professés dans nos établissements d'enseignement secondaire.

Ces rapides observations montrent comment les deux professeurs de l'École durent se trouver dans l'impuissance, quelle que fût la dose de bonne volonté qu'ils portassent en eux, de suffire à la tâche dont ils avaient accepté la responsabilité.

Et ce n'est pas tout!

Il est permis d'inférer du texte de l'art. 1er d'un règlement concernant l'ordre intérieur, que l'auteur de ce règlement n'avait pas une claire conception du droit envisagé en tant que science, c'est-à-dire comme un corps de principes et de doctrines, méthodiquement coordonnés entre eux et se référant à un objet unique.

Il dit en effet (al. 2) : « *L'enseignement du droit* « *n'a pas seulement pour base l'étude des lois, mais* « *il comprend aussi la* RELIGION, *la* MORALE *et* L'AMOUR « DE LA PATRIE. »

Certes, étudier la législation d'un pays, c'est pénétrer dans les entrailles même de ce pays pour en saisir, dans leurs manifestations pratiques, l'esprit, le tempérament, les mœurs, les traditions. Car, ainsi que l'écrit avec justesse M. Albert Sorel, « le droit « est chose vivante et humaine. Étudier et expliquer « un Code c'est évoquer une société humaine. » — Qu'une telle étude soit propre à fortifier dans l'homme le sentiment patriotique, personne ne songera à contester sérieusement ce point, encore qu'il y ait lieu de s'étonner de le voir consigné dans un règlement d'ordre intérieur. Mais où se montrent le vague et l'indécision, c'est quand on prétend faire rentrer dans le cadre de l'enseignement spécial et technique du droit l'enseignement d'une autre science, comme la morale ou la religion, plus élevée et plus compréhensive.

Il n'y a certainement par opposition entre la morale et le droit; au contraire. Entre les deux les rapports sont nombreux et intimes et le législateur, en édictant les règles pratiques et obligatoires de la conduite humaine est tenu, pour faire œuvre durable et harmonique, de s'inspirer des principes supérieurs de la morale. La morale prescrit le *bien*, le *droit* s'efforce de réaliser la *justice* qui n'est, à exactement voir les choses, qu'une forme inférieure et atténuée du bien. La première se meut donc dans une sphère plus spacieuse que le second, bien que les deux sphères, suivant une vieille et juste remarque, aient le même centre; les rayons seuls diffèrent. M. Droz dit que *si la morale est la première des sciences, l'économie politique en est la seconde*, et l'éminent doyen de la Faculté de droit d'Aix, M. A. Jourdan, adoptant cette formule, y fait cette addition: *le droit est la troisième*. Que l'on adhère sans réserve à cette manière de voir ou bien que l'on juge préférable d'assigner au droit, dans cette classification partielle, la deuxième place, ce qui est assez notre avis, il n'en demeure pas moins que la morale domine les deux et que si, dans une chaire instituée en dehors d'une École de droit, il est possible, développant le programme largement établi d'un cours de morale, d'étudier les parties essentielles et constitutives du droit, il est, par contre, impossible, à moins de vouloir totalement perdre de vue la matière propre de son enseignement, d'aborder des questions de pure morale dans l'exposition et l'examen des diverses théories juridiques (1).

Nous ne voudrions pas encourir le reproche de chercher quand même la petite bête ni avoir l'air de céder à un parti-pris de méticuleuse sévérité. Nous n'aurions eu garde d'insister, n'était la conviction où nous sommes que l'enseignement d'une science ne peut être avantageusement entrepris que lorsque, s'élevant au dessus des détails, on a pu saisir, dans une vue d'ensemble, les limites précises de cette science, ses caractères essentiels, les points par lesquels elle touche aux sciences avoisinantes, ceux par lesquels elle s'en écarte.

Toute cette organisation péchait donc par la base; et l'École de droit de 1860 ne dut marcher, pendant le temps qu'elle marcha, que d'un pied boiteux. Mais voici la fin :

---

(1) Ces réflexions s'appliquent *a fortiori* à la religion. L'étude des religions a acquis de nos jours une réelle et très grande importance. Il y a depuis quelques années, douze ou treize, je crois, une chaire d'*Histoire des religions* au Collège de France. Elle est occupée par M. Réville qui unit une grande compétence à une grande modération. Par son tact, son talent et sa science, il a pu dissiper les craintes qu'avait fait concevoir la création de cette chaire.

Le 22 janvier 1861, un an après l'ouverture, le Président d'Haïti adressa à ses secrétaires d'État une circulaire, leur indiquant la direction générale à imprimer aux divers services publics. Le secrétaire d'État de la Justice et des Cultes, provisoirement chargé du portefeuille de l'Instruction publique — c'était toujours M. Dubois — répondit le 14 février suivant par une lettre-rapport où il mettait son haut correspondant au courant des améliorations introduites dans chacun des départements ministériels confiés à ses soins. Dans la partie de ce rapport relative à l'Instruction publique, il n'est pas articulé un seul mot touchant l'enseignement du droit. Pourtant l'honorable secrétaire d'État devait, il semble, quelques renseignements au Chef de l'État sur cette « École de droit » récemment créée par le Gouvernement et inaugurée en brillant apparat, par des discours où l'enthousiasme éclatait, revêtu de formules admiratives et pompeuses. S'il se tut, c'est que les espérances conçues à propos de l'intronisation et du développement de l'enseignement juridique en Haïti s'étaient complétement évanouies en son esprit. Les éléments de succès faisaient défaut à l'École et le Ministre — cela se conçoit du reste — ne se souciait guère de parler d'une œuvre dont l'effondrement se produisait à ses yeux attristés. La chute de l'École était dès lors accomplie et malgré l'espoir, plutôt apparent que réel, que semble avoir eu M. Dubois de la relever, cet échec fut définitif et, jusqu'à nos jours, priva le pays d'une institution de première nécessité. Dans un passage du discours qu'il prononça le 19 février 1861 à la rentrée solennelle des Tribunaux M. E. Dubois en manifeste mélancoliquement ses regrets par ces paroles : « Le « Gouvernement, dans sa sollicitude pour tout ce qui « peut être utile au pays, avait pensé qu'il était de « son devoir de prendre l'initiative d'une loi qui « institue des écoles de droit, si nécessaires pour « assurer dans un certain temps à la société que ses « intérêts seraient mis en des mains tout à fait « habiles dans la science du droit.

« L'École de la capitale fut installée.

« Tout présageait à cette institution une prospé- « rité grande dans le principe. Mais elle dut subir « le sort commun réservé à toutes les choses nou- « velles, de ne pas réussir tout d'abord. Cependant « j'ai étudié les causes de cette halte et j'espère que, « par les mesures qui seront prises pour donner « force à la loi, nous verrons l'École de droit se « rouvrir pour ne jamais plus se refermer. »

Ces mesures annoncées par M. Dubois ne furent-elles jamais prises ou bien, comme les premières, furent-elles encore mal combinées? Il est difficile, faute de documents, de renseigner exactement le lecteur à cet égard. Quoi qu'il en fût, l'École ne rouvrit plus ses portes ou, si elle les rouvrit, ce fut pour se traîner, à travers une existence chétive et lamentable, jusqu'à l'époque où elle fut supprimée par *mesure administrative* sous Salnave.

Et les études de droit continuèrent à se faire chez nous comme par le passé, d'une façon toute empirique, sans méthode, à la *va comme je te pousse* (1).

---

(1) On a vu des chefs d'Etat délivrer des *commissions d'avocat* à des personnes qui n'avaient fait aucune étude du droit ou dont les études n'avaient subi aucun contrôle. Par contre il s'en est trouvé un, Salomon, pour refuser cette commission, sans laquelle l'exercice de la profession d'avocat n'est pas possible, à des jeunes gens munis du diplôme de licencié de la Faculté de Paris. En dernier lieu, en vertu d'une loi de 1880, on faisait subir aux jeunes gens qui voulaient se vouer au barreau et qui, dans ce but, avaient fait des études toutes personnelles, un examen préalable devant un jury composé de magistrats et d'avocats. Salomon a aussi refusé la *commission* à quelques individus qui, sans avoir quitté le pays, avaient suivi les filières légales et obtenu un certificat de capacité du jury d'examen. Aujourd'hui les choses se passent plus régulièrement. Le personnel de l'Ecole de droit a le contrôle des études faites en dehors de l'Ecole et, dans un temps donné, cinq ans je crois, il ne sera plus délivré de diplômes qu'aux jeunes gens ayant passé par l'Ecole. Il n'est que juste de constater que, malgré l'état de choses signalé par M. Dubois, quelques esprits, privés de l'appui d'un enseignement oral et méthodique, des ressources que fournit

Mais voici qu'une nouvelle tentative se produit en ce moment, répondant au besoin constamment signalé par nos gouvernants d'un établissement d'enseignement juridique.

Il s'agit maintenant d'examiner le plan d'organisation de l'*École libre de droit*, d'analyser succinctement son programme d'études en indiquant, en passant, les chances de durée et de succès qu'elle présente.

II.

Trois rouages essentiels sont institués par les statuts de « l'*Ecole libre de droit* », pour en assurer a marche, le développement et la perpétuation.

Ce sont :

1° *Un comité de fondation;*

2° *Un conseil d'administration et de discipline;*

3° *Le personnel enseignant composé de deux directeurs et de deux professeurs.*

Le *comité de fondation* joue, dans cette organi-

---

un pareil enseignement, sont arrivés, par leurs seuls efforts, à s'assimiler très complétement les principes du droit et les règles les plus ardues et les plus complexes de cette science, de façon à se créer une véritable compétence en matière juridique. Ils n'en sont que plus méritants. (Note d'octobre 1892).

sation, à peu près le rôle qui reviendrait à l'Etat, si, au lieu de provenir de l'initiative privée, la création de l'école avait eu lieu par l'initiative gouvernementale. C'est ce comité qui fournit les fonds de premier établissement, tout en se réservant sur la marche générale de l'école un droit de haut et salutaire contrôle; il la patronne, la recommande au public et veille sur ses destinées. Ses droits comme ses obligations sont fixés dans la section 1re du chapitre Ier des statuts. Il vote les statuts, nomme les membres du conseil d'administration et de discipline, et constitue le premier personnel enseignant; à lui également revient le vote définitif du budget. Il se réunit une fois l'an pour prendre connaissance du rapport du conseil d'administration et de discipline sur la situation générale de l'École.

Le *conseil d'administration et de discipline*, élément un peu plus agissant que le comité de fondation dont il émane, est placé à côté de la *direction* pour l'aider de ses conseils, écouter ses rapports et aviser, sur sa demande, à la satisfaction des besoins nouveaux de l'École. Ce conseil, élu pour trois ans, se réunit tous les trois mois. Il arrête le budget, pourvoit au remplacement des directeurs et nomme, sur la présentation de ceux-ci, les nouveaux professeurs; il applique les peines disciplinaires; au bout de l'année il rend compte de sa mission au comité de fondation, et le renseigne, comme il vient d'être dit, sur l'état tant financier que moral de l'École.

Nous rencontrons dans la *direction* et le *personnel enseignant* l'élément actif, permanent, véritablement agissant, celui dont dépend le succès définitif et durable de l'École, car il va sans dire que tout le prestige, toute la bonne renommée dont celle-ci pourra se parer et se faire un titre à la confiance du public, lui viendront de l'intelligence et de la conscience avec lesquelles seront préparées et faites les leçons, de la régularité et de l'exactitude que directeurs et professeurs sauront mettre à l'accomplissement de leur devoir.

Présenter aux élèves et aux auditeurs un commentaire aride, exclusivement analytique, sans aucune vue d'ensemble, sans aucune mise en lumière des principes fondamentaux et de leurs conséquences, sans aucune recherche de leur raison d'être, c'est, par avance, se vouer à l'insuccès et à la chute.

Telle n'est pas, croyons-nous, la méthode que se proposent d'adopter ceux à qui a été confié le soin de l'enseignement.

Ils auront en vue moins de meubler de détails la mémoire de leurs élèves que de travailler à former leur *sens juridique* en leur inculquant, dans les diverses branches du droit, des notions claires et précises qui leur permettront d'aborder plus tard une législation quelconque avec l'assurance d'en pouvoir mesurer l'esprit et la portée sociale et philosophique.

Ils leur apprendront surtout à s'attacher aux principes essentiels et à en suivre, à travers les différentes questions, les fécondes applications. — Peut-être de leurs leçons se dégagera-t-il pour ces jeunes intelligences cette si utile conclusion : à savoir que le droit, comme toutes les autres sciences sociales, est régi par la méthode d'observation ; qu'une législation ne s'édifie pas en un jour, par une sorte d'improvisation hâtive, artificielle, et que c'est en pareille matière surtout, où se montre l'influence, la domination du passé, qu'il importe de tenir compte des traditions, des mœurs, des habitudes, de la tournure d'esprit, de la complexion naturelle d'un peuple. Une telle notion solidement établie dans les esprits, contribuera peut-être à faire éviter dans l'avenir, quand des milliers de nos jeunes gens auront passé par l'Ecole de droit, bien des déboires et bien des déceptions.

Voyons maintenant la composition et l'étendue du programme d'études.

Neuf matières y sont comprises dont l'enseignement se répartit sur trois années.

Ce sont, pour la première année :

1° Le *droit civil*, base et fondement de tout enseignement juridique ;

2° Le *droit criminel*, matière intéressante, simple quoique élevée, où seront exposées devant les jeunes gens des théories ayant des attaches bien visibles avec la psychologie et la morale, et aussi avec la physiologie et la pathologie cérébrale, car dans l'établissement de l'imputabilité pénale toute une école s'est formée qui fait entrer en ligne de compte les perturbations mentales dues à l'hérédité et à l'influence du milieu (1) ;

3° *L'histoire et la généralisation du droit romain, l'histoire générale du droit français et du droit haïtien ;* étude importante au premier chef, indispensable à tous ceux qui, désirant s'élever au-dessus des connaissances purement professionnelles, veulent se rendre compte des diverses circonstances de la naissance et de l'évolution des institutions juridiques, en suivre, à travers les siècles, la filiation historique ;

4° Enfin le *droit commercial*. — Ici le programme, il faut s'empresser de le reconnaître, déroge aux

---

(1) On tend à exagérer beaucoup ce point de vue, et, à en croire certains savants, il faudrait voir dans tout criminel un malade.

idées émises dans la première partie de cette étude relativement à la progression à observer dans les études juridiques. Nous avons montré que ces études doivent se faire, suivant la formule donnée par Auguste Comte, dans un ordre de généralité décroissante et de complexité croissante. Or le *droit commercial*, par la nature même de son objet, présuppose la connaissance des principales théories renfermées dans le Code civil. C'est un droit exceptionnel et qui ne se suffit pas à lui-même. Il y vient aboutir et se mêler, dans une assez grande complexité, foule de règles dont la parfaite entente devient chose très difficile pour qui se borne à les étudier en elles-mêmes, sans chercher à les éclairer par les principes tirés du droit civil.

Il faut donc donner les raisons de cette anomalie et montrer comment il est possible d'y remédier.

On n'ignore pas que le concours le plus spontané, le plus franc et aussi le plus substantiel a été donné au projet de création de l'Ecole libre de droit par un groupe nombreux de commerçants haïtiens. Un si généreux appui révèle le grand amour du progrès et de l'utilité sociale dont notre commerce national est animé. Or parmi ce groupe et même en dehors de ce groupe de commerçants, il existe beaucoup d'hommes sérieux, tournés vers les choses de l'esprit, curieux de tout ce qui a trait à leur profession et qui, dans un cours de droit commercial, trouveront des aliments à leur légitime et naturelle curiosité. Combien d'entre eux sont destinés, dans un avenir donné, à entrer au Tribunal de commerce en qualité de juges consulaires et se verraient forcés, à ce moment-là, de recourir, pour se mettre au courant, à des ouvrages français, sans guide pour leur frayer la voie et leur rendre attrayantes des matières qui, privées de la forme animée et souple du cours oral, se présentent, dans un traité, sous un aspect aride et rebutant. N'était-ce pas aller au devant des désirs et des besoins de ce groupe si intéressant de souscripteurs que d'instituer, dès la première année, ce cours de droit commercial. C'est ce qu'ont pensé ceux à qui avait été attribuée la rédaction du projet de statuts et le comité de fondation a jugé utile, adhérant à leur manière de voir, de maintenir en première année l'étude du droit commercial, s'en rapportant, bien entendu, au tact du professeur pour rendre son enseignement lucide par d'habiles emprunts faits au droit civil.

La seconde année d'études comprendra :

La continuation du droit civil.

La procédure civile.

La continuation du droit commercial.

Puis l'*économie politique.* — On ne saurait trop insister sur l'utilité que présente, pour une société, la vulgarisation des principes de l'*économie politique.* Cette science est, à l'égal de la philosophie et de la morale, une préparation à la pratique de la vie (1). On a fait avec raison remarquer que, dans le domaine des sciences physiques, l'adoption d'une erreur entraine, au point de vue de l'intérêt social, des conséquences à peu près insignifiantes, en comparaison des graves perturbations qui peuvent résulter de la propagation d'une donnée inexacte sur un point relevant d'une science sociale.

Cette influence perturbatrice de l'erreur est surtout manifeste, quand s'introduit dans un pays une fausse doctrine économique. En prévision de ce fâcheux résultat, et pour le prévenir, il devient nécessaire d'accorder les soins les plus vigilants à la diffusion des théories économiques. Cette opinion a fini par prévaloir en France où, depuis quelques années, les chaires d'économie politique se sont multipliées. Il en existe une dans chaque Faculté de droit. Mais cela ne suffit pas : c'est à l'école même, pendant le temps consacré à l'enseignement secondaire, que le jeune homme en devrait apprendre les éléments, les premiers principes dont il aura à tirer profit, dès ses premiers pas dans la vie (2).

---

(1) Jourdan, *Cours analytique d'Economie politique.*

(2) Il avait été établi au Lycée national de Port-au-Prince,

En troisième année l'étudiant abordera, tout en achevant l'étude du *droit civil*, les hautes théories du *droit public*. Le *droit administratif*, le *droit constitutionnel*, le *droit international* feront l'objet des leçons de cette année. Ces études couronneront pour ainsi dire, l'enseignement de l'Ecole et rendront le jeune homme, qui en sera sorti avec un diplôme, capable — après bien entendu qu'il se sera familiarisé avec la pratique des affaires — d'aborder les fonctions supérieures de l'ordre administratif ou législatif.

Ainsi : un *comité de fondation* comprenant les hommes les plus remarquables de notre pays, appartenant « aux principales branches de l'activité sociale », bien décidés à continuer à l'École leur patronage et à l'appuyer de leur bourse et de leur influence ;

Un *conseil d'administration et de discipline* issu de ce comité, participant par conséquent de ses qualités et animé des mêmes dispositions ;

Une *direction*, un *personnel enseignant* dont le choix permet les plus légitimes espérances ;

Une *jeunesse studieuse*, avide de science, accueil-

---

vers 1872, une chaire d'économie politique qui a bien vite disparu. J'ai toujours pensé qu'il y avait lieu de la rétablir.

lant avec enthousiasme le projet et ceux qui le soutiennent ;

L'*esprit public* favorable, en parfait accord, d'un bout à l'autre du pays, avec le sentiment de la capitale ;

Une *encaisse* de *six mille piastres ;*

N'y a-t-il pas là des éléments de succès tout à fait réels et consistants et n'est-il pas permis, sans se faire illusion, de prévoir pour l'Ecole une brillante réussite et un avenir assuré (1)?

---

(1) Elle eut en effet des débuts très heureux, marcha d'un pas sûr pendant une année, malgré l'idée, reprise par le gouvernement de Salomon, de créer une École nationale de droit. Mais la guerre civile, qui est en Haïti le grand dissolvant social, vint, au bout de cette première année, en paralyser la marche et entrainer la suspension des cours. Au retour de la paix (fin de 1880), l'École nationale fut rétablie. Il n'y avait pas lieu de rouvrir l'École libre. Une seule école suffit aux besoins de notre jeunesse.

ÉCOLE DE DROIT.

Notre confrère le *Plaidoyer National* qui donne une sérieuse attention aux questions d'intérêt général, s'est livré, dans son numéro du 9 de ce mois, à l'examen du projet de loi relatif à la fusion des deux écoles de droit existant à Port-au-Prince : l'Ecole libre et l'Ecole nationale (1).

Tout en approuvant, dans leur ensemble, les dispositions du projet, il soulève sur quelques points des objections qui ne nous paraissent pas tout à fait justes.

Essayons de dégager la pensée qui a présidé à l'élaboration du plan présenté par le secrétaire d'Etat de l'Instruction publique.

Le gouvernement, semble-t-il, voudrait créer une École qui eût, comme les Facultés françaises, une certaine autonomie. Il est en effet dangereux, en matière d'enseignement supérieur surtout, de faire dépendre le choix ou la révocation des professeurs de la seule volonté du gouvernement. Qui peut assurer que cette volonté sera toujours guidée par le

(1) Cet article a paru dans le journal l'*Union* du 23 février 1889.

souci de l'intérêt public, sans déviation vers le caprice ou le favoritisme? N'a-t-on pas vu un professeur de l'Ecole de médecine, assurément compétent, être remercié par Salomon sans aucun motif sérieux et *sans autre forme de procès?* De pareilles mesures sont absolument regrettables et il est bon d'en prévenir le renouvellement. Un professeur qui a obtenu sa chaire au concours ou qui, dans l'impossibilité d'instituer un concours, comme c'est actuellement le cas en Haïti, est choisi à cause de ses connaissances réelles et des services effectifs qu'il peut rendre, doit pouvoir bénéficier d'une certaine stabilité. Son exclusion de la chaire ne doit résulter que de circonstances exceptionnelles portant atteinte à son honorabilité. Il faut qu'il ait reçu cette note d'infamie que le préteur romain infligeait aux citoyens indignes.

Ce sont là, croyons-nous, les considérations qui ont porté le secrétaire d'Etat de l'Instruction publique à introduire dans son projet le principe non de l'inamovibilité mais de la nomination à vie des professeurs de l'École de droit, s'en remettant au conseil même des professeurs du soin de statuer, à la majorité des deux tiers et sauf sanction d'un conseil supérieur, sur les motifs d'exclusion. Notre confrère trouve inutile, en ce cas, de laisser la nomination au Président d'Haïti. Nous ne sommes pas loin de partager son avis, mais pour une raison différente de celle qu'il donne.

Le Président d'Haïti nomme aux fonctions publiques inamovibles. Il n'y a pas incompatibilité entre l'inamovibilité et la nomination par le chef de l'Etat. Ce qui se passe pour la magistrature assise le prouve assez. En France aussi, du reste, les professeurs de Faculté sont nommés à vie et par le Gouvernement. Ils sont choisis parmi les agrégés reçus *au concours* comme le seront, à l'avenir, les candidats aux chaires de l'Ecole de droit d'Haïti.

Mais nous pensons qu'en faisant entrer dans les attributions du conseil des professeurs ou autrement du conseil de discipline, à côté du jugement des concours, la nomination même des professeurs, on élargirait la sphère d'application du principe d'autonomie admis dans le projet. L'indépendance de l'École vis-à-vis de l'autorité gouvernementale serait plus grande.

Quant à vouloir que l'Ecole de droit, de création contemporaine, soit sur le même pied que l'Ecole de médecine organisée d'après un type qui ne répond nullement aux données rationnelles et expérimentales. il y a là une appréciation que nous jugeons inexacte. L'harmonie entre les deux organisations est certainement désirable; mais, pour l'avoir, on conviendra aisément avec nous qu'il vaudra toujours mieux remanier le plan de l'École de médecine pour en faire un véritable établissement d'*enseignement supérieur*. Empressons-nous de déclarer que notre confrère s'est hâté de rectifier ses vues sur ce point, samedi dernier, notamment en ce qui concerne le traitement des professeurs. Il estime très justement qu'il serait peu convenable d'attribuer à un professeur d'enseignement supérieur des appointements moins élevés que ceux alloués aux professeurs des lycées : hiérarchie oblige (1).

(1) Dans le rapport si substantiel qu'il a présenté au Gouvernement sur les « *Institutions hospitalières et médicales d'Haïti* », le docteur J.-B. Dehoux, parlant de l'Ecole de médecine et de la situation de son personnel, au point de vue du faible traitement alloué aux professeurs, dit ceci : « L'Etat atteindrait assurément un but utile, si jamais il « essayait de détacher de la clientèle et de ses tracas si ab« sorbants les professeurs, pour les porter à se consacrer uni« quement à l'enseignement, aux études et aux soins de « cette Ecole. Si jamais son intention était telle, je propo« serais de porter à *deux cent cinquante* gourdes les appoin« tements mensuels de tout professeur attitré et digne, et à « trois cent cinquante ceux du directeur qui, de plus, « logerait au siège de l'Ecole et lui consacrerait tout son « temps. » Ces réflexions, très justes, peuvent, *mutatis mutandis*, être adoptées et appliquées à l'Ecole de droit. Déjà, dans le projet de fusion dont il est question dans cet

Une autre partie du projet a retenu l'attention du *Plaidoyer*. C'est la disposition en vertu de laquelle, après un certain délai (trois ans dit le projet), certaines fonctions, principalement celles de la magistrature, ne seraient accessibles qu'aux personnes

---

article, il avait été porté une somme de *cent cinquante* à *deux cents* gourdes comme chiffre du traitement mensuel à allouer à chaque professeur. Les chiffres du docteur Dehoux conviennent mieux au but à atteindre. Il faut au professeur de l'enseignement supérieur une certaine indépendance, tant morale que matérielle. De même qu'il ne doit pas se sentir gêné dans la libre expression de sa pensée, de même il ne doit pas être assujetti à des nécessités matérielles trop impérieuses. L'enseignement scientifique exige une application soutenue et continue des facultés de l'esprit. La préparation des leçons, les longues et nombreuses recherches qu'elle exige, le souci, poussé jusqu'au scrupule, de ne pas déposer des germes d'erreur dans les jeunes esprits qu'on cultive et, par conséquent, la volonté de ne ménager ni son temps ni son travail, le professeur consciencieux ne saurait perdre de vue aucune de ces choses. Elles plaident très avantageusement en sa faveur et le recommandent à l'attention des pouvoirs publics intéressés, comme tout le pays, à l'amélioration de son sort, au point de vue matériel. Le temps consacré à la clientèle, à la recherche d'un travail dont la rémunération puisse compléter son traitement, insuffisant à son entretien et à celui de sa famille, est un temps perdu pour la science, et par suite, pour le pays.

...

munies du diplôme de l'École. Cette disposition s'explique assez d'elle-même pour que le principe en puisse être sérieusement contesté. Aussi notre confrère y adhère-t-il tout en réclamant l'extension du délai à dix ans. Nous n'y verrions pas grand inconvénient, seulement il y a ici, ce nous semble, un petit malentendu qui demande à être dissipé. Il ne saurait vraiment entrer dans l'esprit du législateur d'appliquer cette mesure, comme on paraît le craindre, aux avocats déjà en exercice et aux anciens magistrats, à tous ceux en un mot qui ont subi les épreuves exigées par la loi actuelle. Il y a pour eux comme un droit acquis auquel il n'est possible, sans froisser la justice, de porter atteinte. Est-ce leur faute, à eux, si, au moment d'entreprendre leurs études professionnelles, le pays n'a pu mettre à leur disposition un établissement d'enseignement juridique? Non, certainement. — Pourquoi, dès lors, établirait-on, à leur détriment, une sorte de privilège pour ceux qui, plus favorisés, entrent dans la carrière à une époque où le pays, en voie de progrès, se trouve pourvu, en matière d'enseignement supérieur, d'un outillage meilleur?

L'équité commande d'admettre que la commission d'avocat, reçue avant l'installation de l'École, équivaudra au diplôme même de l'École, procurant la jouissance des mêmes prérogatives. A ce compte, le délai de *dix ans* demandé serait vraiment excessif. Il ne faudrait pas plus de cinq ou six années.

Nous fermons ici notre examen, sauf à reprendre la question si l'occasion s'en présente. Les programmes des Facultés de droit viennent justement, de subir, en France, un remaniement assez considérable. Nous aurons à mettre nos lecteurs au courant de cette réforme.

RAPPORT SUR L'ÉCOLE LIBRE DE DROIT

Présenté aux membres fondateurs par M. JUSTIN DÉVOT, l'un des directeurs de l'École (1).

Messieurs,

N'est-il pas regrettable d'avoir à placer une note triste au début de ce rapport et d'être forcé de se souvenir, à l'occasion de l'Ecole libre de Droit, cette œuvre dont l'éclosion s'est faite sous un souffle vivifiant de foi patriotique, de ce que Virgile dit des travaux de Carthage :

. . . . *Pendent opera interrupta*. . . . .

J'aurais grand plaisir à vous rappeler longuement l'origine de l'École, les circonstances de sa fondation, les succès qui ont accompagné sa marche pendant sa première année d'existence, car c'est grâce à vous, Messieurs, qu'a pu être versée en elle la force fécondante qui donne la vie; c'est vous qui, par vos encouragements tant moraux que matériels, avez favorisé sa création et son développement, c'est

(1) Ce rapport a été préparé depuis le mois d'avril dernier. Il s'est produit certaines circonstances qui en ont retardé la publication et la distribution aux fondateurs de l'École. — Voir annexe A (Liste des membres fondateurs).

vous qui n'avez jamais cessé de lui porter un constant et réel intérêt dont elle se sentait fière en même temps que fortifiée. Vous devez certainement avoir pour elle quelque chose de l'amour du père pour son enfant, du créateur pour son œuvre. J'insisterais donc sur ces souvenirs intéressants, sûr d'être écouté avec bienveillance, n'était le besoin de renfermer cet exposé dans un aussi court espace que possible. Je m'en tiendrai aux faits principaux et significatifs.

L'idée de la fondation de l'Ecole fut lancée dans la presse de Port-au-Prince au mois d'avril 1887. Elle se répandit vite dans le public et y reçut un accueil favorable. Un comité se forma de suite chargé de provoquer des souscriptions et des adhésions pour réaliser les fonds d'établissement. Il fit, à cet effet, une propagande active, courageuse, qui ne resta pas sans fruit, car à la date du 15 juin la liste des souscriptions déjà versées s'élevait à près de P. 5000. Il fut reconnu, dès lors, que l'on avait en mains des éléments de réussite permettant de pousser plus avant l'accomplissement du projet. Déjà dans une première réunion des adhérents et souscripteurs il avait été procédé à l'organisation du personnel enseignant et du conseil de discipline et d'administration de l'École. Dans les réunions qui suivirent on s'occupa de l'élaboration, de la discussion et enfin du vote définitif des statuts. A cette date la caisse de l'Ecole contenait P. 6000 environ. Il ne restait plus qu'à ouvrir. L'inauguration se fit solennellement le 15 août 1887, avec le concours et la sympathique assistance de tous ceux qui, en notre capitale, portent intérêt aux choses de l'enseignement. On avait, d'une façon pour ainsi dire unanime, compris la nécessité d'encourager une œuvre présentant un caractère si marqué d'utilité sociale. Le Gouvernement, par quelques-uns de ses principaux membres, participait à la cérémonie. Quatre jours après eut lieu l'ouverture des cours qui, pour cette première année, c'est-à-dire d'août 1887 à août 1888, roulèrent, vous le savez, Messieurs, sur le *droit civil*, le *droit criminel*, l'*histoire générale du droit* et le *droit commercial*. Ces cours se poursuivirent sans interruption, avec une parfaite régularité et dans un ordre tout aussi parfait, pendant l'année entière. Ils furent assidûment suivis par un nombre suffisant d'étudiants qui, presque tous, montrèrent aux examens publics qu'ils eurent à subir, qu'ils avaient su tirer grand profit des leçons de leurs professeurs, de leur travail personnel, et que, résultat encore plus heureux, ainsi guidés par des maîtres consciencieux (je le dis, Messieurs, pour mes trois collègues), ils avaient pris goût à l'étude du droit, étude aride et toujours rebutante au début, quand l'étudiant n'a pas, pour lui aplanir la voie, une main attentive et bienveillante.

Cette première étape accomplie, l'Ecole ferma ses portes pour les rouvrir deux mois après et poursuivre l'exécution de son programme d'études. Nous sommes à ce moment, Messieurs, aux premiers jours du mois d'août 1888. Vous savez quels tristes et pénibles événements se déroulèrent dans le pays, à partir de cette époque. Il n'était guère possible, au milieu d'une crise si aiguë qui suspendait pour ainsi dire la vie nationale et dont l'activité privée était atteinte et comme paralysée, il n'était guère possible de songer à la reprise des cours Cependant ceux que vous aviez placés à la tête de l'établissement et à qui vous en aviez confié la direction et l'administration ne perdirent point de vue ses intérêts et se préoccupèrent de son avenir. Des relations s'établirent à cet égard entre eux et le secrétaire d'Etat de l'Instruction publique dans le but d'arriver à une fusion, sur un plan rationnel, des deux établissements d'enseignement juridique existant alors dans le pays : l'*Ecole libre* et l'*Ecole nationale* de droit, celle-ci créée dans ses derniers moments par le gouvernement du général Salomon. Un projet fut rédigé en ce sens par l'un des directeurs de l'École libre de droit, soumis à l'appréciation du conseil de discipline et d'administration de cette école puis à celle d'une commission formée par le secrétaire d'État de l'Instruction publique et ensuite remis à ce haut fonctionnaire qui finalement le présenta, couvert de son adhésion, au conseil des ministres. Vous pouvez lire ce projet, Messieurs, dans le *Journal officiel* du 24 janvier 1889 où il fut publié (1). Cette tentative de fusion n'aboutit malheureusement pas et les choses restèrent en l'état : le pays continuant à être bouleversé et l'École à ne pas rouvrir ses portes.

Au début de cette année, le gouvernement actuel, désireux de venir promptement en aide aux jeunes gens qui s'adonnent à l'étude du droit, a rétabli l'École nationale fondée sous Salomon. Les leçons qui y seront faites rouleront exclusivement, au moins pendant un an, sur les matières de première année. Mais ces matières ont été déjà parcourues et étudiées par les anciens élèves de l'Ecole libre. Ces jeunes gens s'effraient, à bon droit, à l'idée d'être forcés de recommencer des études déjà faites, subissant, par là, une perte considérable de temps, perte à laquelle ils seraient d'autant plus sensibles qu'ils ne se sentent pas libres de toute préoccupation matérielle, étant forcés, par les conditions même de notre milieu, de

(1) Voir à la fin du volume le rapport du Ministre de l'Instruction publique au chef de l'Etat et le projet de fusion. — Annexe B.

se livrer, beaucoup plus tôt qu'ailleurs, à un exercice lucratif de leurs facultés. Leur imposer une prolongation d'études n'est-ce pas créer de nouvelles difficultés sous leurs pas et paralyser, dans une grande mesure, le ressort de leur volonté? Quelques-uns d'entre eux se sont donc adressés à moi (1) pour me demander s'il n'y aurait pas moyen d'organiser, à leur intention, un enseignement de seconde année qui leur permettrait d'arriver un an plus tôt au grade de licencié. Le cas de ces jeunes gens, vous le reconnaitrez sans peine, est des plus intéressants. J'ai cru devoir vous le signaler ici. C'est à vous, Messieurs, de décider s'il ne serait pas possible, en s'entendant à cet effet avec l'Administration supérieure, d'affecter à l'institution d'une série de cours libres les fonds non encore employés de la souscription faite en faveur de l'Ecole libre de droit ou bien s'il ne conviendrait pas mieux de signaler cette lacune au Ministre de l'Instruction publique qui, nous n'en doutons pas, s'empresserait de la faire dispa-

(1) C'est au mois de février que ce vœu m'a été exprimé, peu de jours après l'inauguration des cours de l'Ecole nationale. Certaines considérations m'avaient empêché d'en saisir officiellement, à ce moment, l'assemblée des fondateurs de l'Ecole libre de droit. J'en avais pourtant causé en particulier à quelques-uns d'entre eux.

raître par une organisation plus large et plus complète de l'enseignement officiel du droit.

Vous arrêtant à ce dernier parti, vous auriez à indiquer du même coup quel usage serait fait de l'encaisse actuelle de l'École dont la situation financière va, pendant quelques instants, retenir votre attention. Ici je cède, avec grand plaisir, la parole au trésorier de l'établissement, M. Pétion Roy. Le remarquable rapport que je transcris ci-après et qu'il m'a adressé pour être communiqué au conseil de discipline et d'administration vous renseignera pleinement sur ce point :

A Monsieur JUSTIN DÉVOT, membre fondateur et membre du Conseil d'administration de l'Ecole libre de Droit.

Monsieur,

La dernière guerre civile devait naturellement mettre en péril l'existence de l'Ecole libre de droit. Le capital produit par la souscription ouverte en faveur de l'œuvre, avait pu lui assurer une existence de trois ans ; mais des brèches successives faites à ce capital, pendant la tourmente révolutionnaire, ont conduit à une situation financière inquiétante.

Les fonds de l'Ecole ne peuvent plus garantir l'existence triennale prévue aux statuts. Une intervention énergique du Conseil d'administration paraît donc nécessaire; pour cela, il est de toute utilité de mettre sous les yeux du Conseil, et en pleine lumière, la situation financière de l'Ecole depuis sa fondation.

Le 16 septembre 1888, dans son rapport sur les finances de l'Ecole libre de droit, M. A. Rossignol, trésorier, présentait la situation suivante :

Les souscriptions recouvrées et les rétributions scolaires avaient produit pour l'année le chiffre de .... g. 6470.53

Les dépenses de la première année avaient atteint........................... 3276

D'où une balance en caisse de...... g. 3194.53

somme à laquelle il convient d'ajouter les bénéfices obtenus sur différentes conversions. Soit..................... 351

Au total g. 3545.53

valeur représentée par g. *2472.50* or américain et g. *678.53* en billets en dépôt à la Banque nationale d'Haïti.

Il est évident, dès ce moment, pour un observateur attentif, que le rapport révèle un danger; que si l'Ecole a marché, et a pu, grâce au zèle désintéressé de son personnel enseignant, présenter au public, pour ses examens, des résultats d'un progrès appréciable, elle n'est pas moins menacée dans ses finances. Si on compare, en effet, le chiffre de l'encaisse, soit g. *3545*, avec celui des dépenses de la première année g. *3276*, l'existence de l'Ecole est à peine assurée pour un an. Mais l'Ecole avait pour la deuxième année, la perspective rassurante d'une subvention; il n'y avait donc pas lieu de s'inquiéter.

Un mois était à peine écoulé après le rapport ci-dessus que la guerre civile désolait de nouveau ce malheureux pays et ses premiers coups atteignaient naturellement l'Ecole en dispersant ses élèves.

Peut-être eût-il mieux valu, devant l'impossibilité de reprendre les cours, et afin aussi de sauver l'encaisse déjà considérablement réduite, rentrer résolument dans la voie de l'économie, fermer l'Ecole, et attendre le retour de la paix; mais une année d'essai loyal et d'une pratique éclairée avait démontré la nécessité d'une fusion (1). Cette conception, dont la réalisation demandait malheureusement du temps, allait créer pour les finances de l'Ecole de nouveaux embarras.

La fusion supposait en effet l'existence simultanée

(1) Ne pas oublier que le gouvernement du général Salomon avait établi, à côté de l'Ecole libre, une École nationale de droit. Ce sont ces deux établissements qu'il s'agissait de fondre en un seul. J. D.

des deux écoles, leur fonctionnement parallèle et pour l'École libre assurer ce fonctionnement, c'était continuer les tirages mensuels sur le capital placé d'une façon improductive à la Banque et déjà considérablement entamé.

Mais ce sacrifice s'imposait, la situation financière réclamait la fusion. On sait que la balance en caisse au 16 septembre 1888 assurait l'existence de l'Ecole pour un an à peine. Un nouveau trimestre échu le 15 novembre, avec des vacances pour ainsi dire forcées, avait porté les dépenses totales à *4190* piastres, soit une nouvelle diminution de l'encaisse de *915* piastres. Il devenait clair dès lors pour celui qui mettait en regard de ces dépenses le montant de la souscription que, si l'État ne lui venait en aide, cette œuvre, fondée par l'initiative privée, et pour la première fois dans ce pays, par l'association du capital et du talent était irrévocablement perdue.

La guerre civile devait faire échouer la tentative de fusion ; la combinaison, malgré les efforts de ceux qui s'intéressaient à l'œuvre, ne put en effet aboutir, et le 15 février 1889, date à laquelle M. A. Rossignol, appelé à une haute fonction, donna sa démission de trésorier, l'encaisse se composait de g. *972.50* or et g. *1501.06* billets.

L'École resta ouverte jusqu'en août 1889, espérant qu'un retour à la paix serait pour elle un retour à la vie. La paix se fit, mais l'École qui ne retrouva pas de suite ses élèves ne put solliciter le concours de l'État. La fusion fut reconnue, à ce moment, impossible et la situation financière trop précaire pour permettre de réaliser l'idée initiale des fondateurs, *celle d'assurer pour trois ans (temps nécessaire à l'instruction d'un avocat) l'existence de l'Ecole libre de droit.*

Désormais le salut sera tout entier dans la reconstitution des finances par tous les moyens, notamment l'économie. Une série de mesures rigoureuses devront être prises pour sauver l'encaisse d'un épuisement total. Déjà le haut personnel enseignant, par un désintéressement dont il ne s'est jamais départi depuis la fondation de l'œuvre, avait dès le 15 novembre 1888 renoncé à ses appointements; à cette notable réduction de dépenses, on ajouta d'autres réductions; on remit le local de l'École, on congédia le garçon, on mit le matériel dans un dépôt et finalement, pour arrêter toute nouvelle brèche aux derniers fonds déposés à la Banque et *qu'aucune ressource n'alimentait*, on réalisa le matériel.

Voilà, Monsieur, l'ensemble des mesures prises pour sauver les dernières ressources de l'École déposées à la Banque nationale.

On a vu qu'au 15 février 1889, le capital de

	Or	Billets
l'École était de.	g. 972.50	1504
De cette date au 15 février 1890 les dépenses effectuées pour l'École, comme l'attestent les pièces à l'appui, ont été de.	» »	403.30
Ce qui réduit le capital à	g. 972.50	1.101.30
Si à cette somme on ajoute le prix du matériel vendu à l'État.	350 »	» »
On a à l'actif de l'École	1.322.50	1.101.30
En déduction de ce chiffre vient le prix du matériel acheté à New-York, complété ici, et encore impayé, soit.	216 »	158 »
L'actif de l'Ecole, le matériel payé est donc de. .	g. 1.106.50	943.30

En convertissant l'or aux taux du jour, l'Ecole disposera de *2418* piastres en billets; il n'est peut-être pas sans intérêt de rappeler que la première année scolaire a coûté *3276* piastres en billets.

Il résulte de l'examen des chiffres ci-dessus que si la réouverture est votée sans le concours de l'État, livrée à ses seules ressources, l'École est virtuellement condamnée.

En fondant l'École libre de droit, les initiateurs de l'œuvre avaient voulu *affirmer l'existence de l'initiative privée* dans ce pays, et montrer qu'elle n'était point indifférente à la création d'œuvres d'utilité sociale. La démonstration de cette idée aurait été faite d'une façon complète si après un brillant début et une année de succès, la guerre civile n'avait arrêté le développement de l'œuvre.

Mais s'il est vrai que des difficultés naturelles à ce pays peuvent paralyser les efforts de l'initiative privée, il n'est pas démontré que son action ne triompherait pas des obstacles, si on la complétait par le concours de l'État.

Il appartient au Conseil d'administration de demander ce concours qui ne saurait d'ailleurs être refusé à une institution si remarquable par la fin qu'elle poursuit, celle de la vulgarisation des notions de droit et de justice dans ce pays continuellement bouleversé par l'absence de ces notions.

Recevez, etc.

PÉTION ROY.

Port-au-Prince, 26 avril 1890.

Quoi que vous décidiez, Messieurs, et quel que soit le sort de l'Ecole libre de droit, soit qu'elle disparaisse définitivement devant une organisation satisfaisante de l'enseignement de l'Etat, soit qu'elle reprenne vie, grâce au généreux concours du gouvernement, vous aurez la satisfaction d'avoir appelé l'attention de vos concitoyens sur un ordre d'études toujours négligé dans notre pays et éveillé à cet égard l'intérêt des pouvoirs publics. Personne, avant votre tentative et celle faite sous Geffrard en 1860, n'avait songé à instituer une École de droit en Haïti. Si le gouvernement du général Salomon y a pensé, ce n'est qu'après avoir eu sous les yeux l'exemple de votre patriotique initiative et constaté le succès bien accentué de l'Ecole libre. A ce point de vue vous n'aurez pas à regretter, Messieurs, dans un pays où les œuvres de véritable utilité publique sont si rares, d'avoir contribué à une fondation dont la bienfaisante influence s'est tout de suite fait sentir. Vous avez, par là, donné le signal et assuré l'accomplissement d'un progrès incontestable. Vous avez en même temps montré, dans une de ses applications éminemment utiles, la force créatrice de *l'initiative privée*. Que ne peuvent en effet, pour l'avancement d'une société les efforts combinés et sagement coordonnés d'un groupe d'hommes de bonne volonté !

L'enseignement oral et méthodique du droit est devenu aujourd'hui une nécessité, comme celui de la médecine et on ne saurait se passer d'une École de droit, bien ou mal organisée, pas plus qu'on ne saurait se passer d'une École de médecine. Tout le monde comprend qu'il y a là un besoin de premier ordre à satisfaire. Mais en 1887 il fallait innover et frayer le chemin. C'était le plus difficile. C'est ce que vous avez fait.

Justin DÉVOT,
Directeur de l'École libre de droit

Avril 1890.

UNE FONDATION UTILE.

Ce qui manque le plus aux Haïtiens, c'est l'esprit de suite, la persévérance dans l'effort qui seule permet de faire des créations définitives et durables.

On ne peut cependant, sans froisser la justice, appliquer ce reproche aux fondateurs de l'École libre de droit.

On sait que cet établissement était en pleine vie, allant de succès en succès, quand vers la fin de 1888 éclatèrent les déplorables et cruels événements qui, en frappant de paralysie les forces actives de la nation, devaient entraîner une suspension forcée des cours de l'École. Même pendant cette période tourmentée, pleine d'agitations et de luttes violentes, les créateurs et les directeurs de l'École libre de droit restèrent fidèles à la pensée qui avait présidé à cette utile et patriotique fondation : assurer, dans les meilleures conditions possibles, l'enseignement juridique de nos jeunes gens voués par goût aux choses judiciaires et, en même temps, travailler à répandre dans le public, par l'organisation d'une suite de conférences, des notions claires et exactes sur des questions essentielles et importantes au développement rationnel des sociétés.

On fit une tentative pour opérer une fusion entre

cette École, fruit de l'initiative privée, et l'École nationale de droit, créée par Salomon et où se donnait gratuitement un enseignement similaire.

L'École nationale de droit, inaugurée en juillet 1888, n'avait pas eu le temps de fonctionner, et par suite, d'acquérir une intensité de vie suffisante à en assurer la durée. Les flammes du premier incendie de juillet en avaient détruit le local et le matériel au lendemain même de la première leçon qui y fut faite.

Convenait-il d'avoir deux Écoles supérieures où se donnerait le même enseignement?

Il paraissait aux esprits réfléchis, tant du côté des fondateurs de l'École libre que du côté de ceux qui avaient succédé au pouvoir à M. Salomon, que mieux valait, à tous égards, rassembler et faire concourir au même but, dans la même École et par une organisation intelligente, des éléments qui, séparés et agissant dans deux chaires concurrentes et peut-être rivales, eussent donné un résultat moins satisfaisant au point de vue de l'utilité générale et de la culture supérieure, dans la branche du droit, de notre jeunesse studieuse.

Il ne fut donc pas difficile de se mettre d'accord sur la nécessité d'une fusion des deux Écoles. Il existe même, comme trace probante de cet accord, un rapport et un projet de loi présentés par le Ministre du moment au Président d'Haïti. Cette tentative remonte à l'année 1889; le projet de loi signalé se peut retrouver dans le *Moniteur* du 24 janvier de cette même année. Nous en indiquons la date parce que nous estimons que, indépendamment de toute idée de fusion et au seul point de vue d'une organisation de l'École nationale répondant plus exactement que celle qui existe aux exigences et aux conditions nécessaires de l'enseignement supérieur, ce projet peut être utilement consulté.

Aussi bien notre intention, en rappelant ces souvenirs, n'est pas de pousser à la reprise de l'idée de fusion.

L'École de l'État existe et fonctionne. L'École libre a suspendu ses cours depuis plus de deux ans (1); elle a encore dans sa caisse un reliquat de fonds assez considérable, ce qui ne permet pas de dire qu'elle ait complètement disparu. La fusion à la rigueur serait encore possible. Mais est-elle indispensable, s'impose-t-elle? Non, à la condition que l'État veuille bien se donner la peine de nous offrir une École où nous puissions retrouver, réduite et modifiée si l'on veut mais réelle, l'image d'un établisse-

(1) Cet article a paru dans le Journal *Le Commerce* du 16 janvier 1891.

ment d'enseignement supérieur dans le sens exact du mot.

Une École supérieure, une Faculté où s'alimente, pour les hautes applications de l'esprit, l'intelligence encore mal nourrie des jeunes gens, doit vivre d'une vie propre, jouir d'une certaine autonomie où elle puise un élément puissant de stabilité et de force. Elle doit s'administrer de haut par un conseil composé de ses professeurs, sous la présidence d'un doyen ou directeur, élu par eux et auquel sont confiés les pouvoirs nécessaires à la marche régulière des études.

Le recrutement de son personnel doit être entouré de garanties d'autant plus sérieuses que ce personnel, jouissant d'une certaine indépendance, mis à l'abri de toute mesure capricieuse ou arbitraire de la part de ses supérieurs hiérarchiques, est tenu de se montrer plus appliqué, plus dévoué à la tâche qui lui est dévolue.

D'une pareille organisation il résulte pour l'École plus d'éclat, plus d'autorité, pour son personnel, plus de prestige, plus de respect. — Nous ne l'avons pas encore mais rien n'interdit de concevoir l'espoir de nous y voir bientôt arriver (1).

(1) Dans un projet général de réorganisation de l'ensei-

X

Nous venons d'assayer de fixer très rapidement et d'une façon condensée la notion d'une École de droit telle que nous la souhaitons pour le pays et pour nos jeunes concitoyens. Nous avons de plus déclaré notre croyance à l'aptitude de l'État à réaliser ce souhait. Nous renonçons donc au projet autrefois conçu d'unir, pour l'accomplissement de ce progrès, les efforts, la force d'action de l'initiative privée à ceux de l'État.

L'initiative privée, sur ce terrain spécial de l'enseignement juridique, a déjà atteint un but dont elle a lieu de se glorifier, en poussant presque forcément le pouvoir à l'amélioration des choses. C'est l'exemple par elle donné qui avait amené le gouvernement de M. Salomon à songer à l'établissement de cette École nationale de droit qui, seule, subsiste aujourd'hui — l'autre, l'élément fécondant et générateur en la circonstance, ayant disparu depuis deux ans.

Mais est-ce à dire que les fondateurs de l'École

---

gnement public, à tous ses degrés, il existe des prévisions et des clauses qui, le projet étant voté et transformé en loi, permettront de satisfaire à notre vœu. Reste à souhaiter que la discussion et le vote de ce projet ne se fassent pas trop longtemps attendre. (Note de 1893, mai).

n'aient plus rien à faire dans le sens d'une affectation, fertile en résultats patriotiques, du reliquat de leurs souscriptions? N'ont-ils plus qu'à se croiser les bras comme l'ouvrier laborieux qui, sa journée finie, reste tranquillement au repos devant la tâche accomplie?

Nous ne le pensons pas. — Il y a quelque chose à créer avec ce reliquat de deux mille et quelques piastres qui peut encore s'augmenter de nouvelles souscriptions; il est possible d'en faire une dépense reproductive et cela, tout en restant dans l'ordre d'idées dont relève l'établissement d'une École de droit, tout en respectant la pensée premiere des initiateurs et des fondateurs de l'œuvre.

On peut se rappeler en effet qu'il avait été prévu aux statuts de l'École libre que des conférences seraient données à la salle de l'École sur des sujets d'avance soumis à l'administration (1). C'était là comme une pierre d'attente, comme le premier jalon

(1) Art. 21 : « Sur la décision du Conseil (d'administration), « la salle des cours peut être mise gratuitement à la dis- « position de toute personne qui demande à y faire une « conférence. . . . .
« . . . .
« Celui qui veut donner la conférence adresse sa demande « au secrétaire de l'Ecole en y indiquant le sujet qu'il se « propose de traiter. »

posé d'une institution qui, quoique intimement liée à l'École elle-même, aurait pourtant son utilité spéciale, répondant à un besoin d'une nature quelque peu différente; car à côté des jeunes gens décidés à se soumettre à un enseignement professionnel donné suivant une méthode et des programmes fixes et bien établis, il s'en rencontre d'autres et même un grand nombre d'hommes faits, amis de l'étude et soucieux de ne pas abandonner complétement leur esprit au courant banal des occupations de la vie terre-à-terre, qui s'estimeraient heureux de pouvoir trouver un lieu où, trois ou quatre fois par mois, il serait traité devant eux de questions variées, sans lien bien apparent entre elles, mais se rattachant toutes au développement et au bien-être de la nation. — Cette contribution apportée à la haute culture, littéraire et scientifique de l'esprit, cet enseignement supérieur, librement donné et sous une forme familière, serait d'un précieux secours pour la solution de quelques problèmes sociaux, faciliterait, par l'éclaircissement de certaines notions trop vaguement envisagées, une bonne et saine entente des intérêts généraux. Tous en pourraient profiter et personne n'en souffrirait, car les conférenciers sauraient apporter assez de tact, de modération, de conscience et de scrupuleuse impartialité dans leurs études et leurs appréciations pour qu'il n'en résultât de préjudice pour qui que ce soit.

Eh bien! C'est ce projet que nous venons, à notre tour, présenter au public et spécialement aux fondateurs de l'Ecole libre de droit. Nous leur proposons de consacrer les deux mille et quelques piastres, formant aujourd'hui l'encaisse de l'Ecole libre, à l'acquisition d'un terrain sur lequel on ferait édifier une salle de conférences. Cette salle s'ouvrirait trois ou quatre fois par mois au public qui, n'en doutez pas, en apprendrait le chemin du jour où il s'apercevrait que des questions, d'un intérêt évident, y seraient sérieusement étudiées et clairement exposées. Quant à la chaire elle-même du conférencier, personne n'en serait repoussé et tous nos jeunes gens, épris des belles-lettres ou adonnés aux hautes spéculations de la science, s'y pourraient essayer tour à tour, sûrs de la bienveillance et de l'intelligente attention de leur auditoire.

L'Initiative privée a fait l'Ecole libre de droit, pourquoi ne ferait-elle pas la *Salle des Conférences de Port-au-Prince*. — L'occasion se présente à elle d'offrir de bonnes étrennes, des « étrennes utiles » à ce pauvre diable de pays si peu gâté sous ce rapport; qu'elle la saisisse! et cela vaudra bien mieux, comme dit le Misanthrope,

Que ces colifichets dont le bon sens murmure.

Le projet n'a pas encore complétement abouti. Il a cependant obtenu l'adhésion d'une grande partie des fondateurs de l'École libre. On peut lire ci-après le texte de la circulaire que l'auteur leur avait adressée aux fins d'arriver à la réalisation de l'idée de créer à Port-au-Prince une sorte d'*Institut libre*. Outre l'avantage direct et immédiat qui résulterait de cette fondation, elle aurait peut-être ce bon effet d'amener à sa suite l'organisation et l'établissement par l'État d'une *École supérieure de lettres et de sciences*, comme la création de l'École libre de droit a amené celle de l'École nationale à laquelle, on peut le dire, ne songeait nullement le gouvernement de Salomon. (Voir Annexe C).

UNE ÉCOLE PROFESSIONNELLE.

Lettre à M. C. B., à Kingston (Jamaïque).

Paris, 15 avril 1882.

Mon cher C...,

Je me suis empressé de me rendre à l'établissement que vous m'avez désigné de la rue Tournefort. Après la lecture de votre lettre, le directeur s'est fort gracieusement mis à ma disposition et m'a fourni, avec une grande complaisance, quelques renseignements sur l'enseignement professionnel qui y est donné. Pendant les deux ou trois heures que j'ai passées avec lui, j'ai vu fonctionner le système dans une certaine mesure et je vais essayer de vous transmettre le résultat de mes constatations personnelles ainsi que les explications verbales de M. Laubier.

L'enseignement se divise en deux parties : l'une comprend les matières ordinaires de l'enseignement primaire : *lecture*, *écriture*, *calcul*, *langue française*, *histoire*, *géographie*, *éléments des sciences physiques et naturelles*, *morale*, INSTRUCTION CIVIQUE, LEÇONS DE CHOSES....., le tout faisant l'objet d'une distribution très bien réglée ; l'autre partie est afférente à l'enseignement purement professionnel et comprend : la *menuiserie*, le *tour* et la *forge*, le *modelage*, le *moulage* et la *sculpture sur bois* et *sur pierre*. (N'ayant pas de plâtre chez nous, on pourrait supprimer dans le programme le moulage en plâtre et y introduire l'industrie agricole, à moins qu'il ne fût possible de créer dans les campagnes des écoles spéciales pour cette branche) (1).

Les élèves travaillent dans deux ateliers, l'un au rez-de-chaussée où la menuiserie et la forge se trouvent réunies, l'autre au 1er étage où l'on fait du modelage, du moulage et de la sculpture. Chaque élève reçoit du maître la matière sur laquelle il doit travailler. La transformation accomplie, il remet son travail. Les pièces les mieux faites sont étiquetées et conservées dans les tiroirs d'une grande armoire placée dans une salle servant à la fois de salle d'exposition et de réfectoire. J'ai vu dans ces tiroirs des choses assez bien façonnées, eu égard à l'âge de ceux qui les ont produites : des *assemblages* en bois et en fer, des *fermes*, de *petites chaises*, etc., etc.,

---

(1) On m'assure qu'on trouve du plâtre en Haïti. N'importe ? En aucun cas l'agriculture ne devrait être négligée. Que de fois n'a-t-il pas été question de créer dans nos belles campagnes des *fermes-écoles*. Hélas ! Cette idée n'a pas encore trouvé le succès qu'elle mérite et nous en sommes encore à en souhaiter la réalisation. (Octobre 1892).

en un mot tout ce qui relève de la menuiserie, de la charpente, de la marqueterie, de la forge, etc., etc., le tout exécuté en miniature, bien entendu. — Le travail à l'atelier est précédé d'une leçon technique où l'élève reçoit les notions nécessaires sur les choses qu'il manie, qu'il façonne, dont il se sert (parmi ces dernières sont compris les outils et les instruments de travail). Il apprend aussi à mesurer les distances à vue d'œil. Cet exercice favorise une excellente éducation de la vue. Notez que ces enfants — ceux des deux classes supérieures confondues pour la partie professionnelle — arrivent à des résultats étonnants de justesse; j'en ai vu qui déterminaient la longueur d'une barre à un centimètre près. — La salle où se donne cette leçon est attenante à l'atelier et munie de tous les objets nécessaires: *matières premières*, *solides* (pour l'étude des formes géométriques), *pièces de charpente* (en bois et en fer), *pièces de menuiserie*, *substances minérales*, *chimiques*, etc., etc., *différentes pièces de bois* (chêne, bouleau, etc.), portant encore leur écorce et que l'élève apprend à reconnaître à la seule inspection de cette écorce.

Sur chacune de ces choses l'élève reçoit des explications dont il prend note dans un cahier spécial. Sur un second cahier (ou une grande feuille de papier épais) il dessine, suivant les exercices faits au tableau, des figures géométriques, et un troisième cahier reçoit la représentation graphique des instruments et outils dont il se sert. Les notes prises en classe doivent être rédigées le soir et remises au professeur pour être contrôlées. De plus chaque élève a un livret (sorte de petit journal) sur lequel il est tenu de consigner soigneusement et chaque jour ses occupations de la journée (sur ce même livret se trouve dessiné en réduction et d'une façon détaillée — à côté de la mention qui le concerne — le travail manuel qu'il est chargé d'exécuter). — En outre, un rapport mensuel doit être présenté par les professeurs sur les travaux de chaque classe. Le directeur y note ses observations et ce rapport est, en dernier lieu, soumis au délégué cantonal qui y fait les siennes.

Il y a donc là un contrôle très bien organisé et auquel — grâce à ces obligations graduées — concourent l'élève, le professeur et le directeur. Il est fort aisé de s'assurer, de cette façon, de la marche des études et de leur conformité aux prescriptions du programme.

On ne peut se faire une juste idée, si l'on n'en a pas été le témoin oculaire, du plaisir, de la pleine satisfaction que cet enseignement procure aux enfants qui y sont soumis. La plus grande punition à infliger à l'un d'eux, me disait le directeur, serait de le priver du travail à l'atelier. — Et cela se conçoit. Cet enseignement, tel qu'il est donné à l'école de la rue Tournefort, procédant du simple au composé, du concret à l'abstrait, utilisant à la fois pour l'éducation de l'intelligence, les perceptions de nos organes et la curiosité, l'amour des découvertes inhérent au jeune âge, est souverainement efficace. Il répond à l'évolution intellectuelle de la première enfance et à celle de la civilisation elle-même.

Enfin il se rapproche du système si rationnel préconisé par M. Herbert Spencer et qui consisterait non à *enseigner* l'enfant, mais à *assurer*, à *faciliter* le développement spontané de ses facultés mentales, de même qu'on doit assurer, faciliter le libre développement de ses forces corporelles. — Il est tout-à-fait illogique, anti naturel le procédé d'enseignement si généralement suivi jusqu'à ces derniers temps (et qui malheureusement, j'en ai grand peur, subsiste encore dans nos écoles haïtiennes) : inculquer des principes généraux, des idées à l'enfant alors que son jeune cerveau, à peine organisé, est encore fermé aux abstractions, c'est évidemment absurde. Une idée ne sert à l'éducation de notre intellect qu'autant qu'elle a pour nous un rapport avec le monde reel, qu'elle éveille en notre esprit une image sensible. Elle doit autant que possible être acquise par expérience personnelle et non reçue de la bouche d'un instituteur. Le simple bon sens indique qu'il est plus naturel de faire connaissance avec les choses avant d'avoir la révélation des lois qui les régissent.

Je vous remercie bien de m'avoir chargé de cette petite *mission*. J'ai vu fonctionner de près un système auquel les livres seuls m'avaient initié, les livres et aussi les excellents et substantiels entretiens que j'ai eus avec vous tant au Lycée de Port-au-Prince qu'après ma sortie de cet établissement. Si mes souvenirs me sont fidèles, vous avez fait, je crois, à une distribution de prix au Lycée, l'exposition du système américain *des leçons de choses*.

Réformer l'enseignement primaire, y introduire les méthodes et procédés nouveaux, commencer à l'école même, par l'éducation professionnelle, la préparation du jeune homme à la vie agricole ou industrielle, beau projet et digne de tenter un cœur vraiment patriote! — Puissiez-vous être appelé à réaliser, dans notre chère et pauvre Haïti, cette amélioration qui aurait sur son développement ultérieur une influence dont on ne peut calculer la portée.

Pardonnez-moi, je vous prie, ces appréciations personnelles; je reviens à notre objet.

Nécessairement la *gymnastique*, les *jeux* (de *force*, d'*adresse*), la *promenade en plein air* ne sont pas négligés : c'est la partie relative à l'éducation physique, si délaissée chez nous.

Les enfants prennent leur repas de midi à l'école. La cuisine se fait quelquefois sous leurs yeux. Ils apprennent ainsi comment se fait un *beefteak*, comment se prépare un plat de légumes, etc. ; d'aucuns même mettent la main à la pâte. Cela ne leur est nullement défendu. — Ce sont autant de connaissances pratiques, utilisables plus tard, qu'ils acquièrent par là. Combien d'entre nous seraient capables de se tirer d'affaire si, dans une circonstance embarrassante, il leur fallait préparer eux-mêmes leur nourriture ! — Ce simple détail fait voir comment rien n'est omis pour familiariser l'enfant avec la pratique de la vie, lui faire acquérir des notions qui lui permettront, dans la mêlée de l'existence, de tirer les meilleurs fruits possibles de son activité.

Voici qui fait bien ressortir ce point : les élèves sont tenus de travailler indistinctement à tous les métiers portés au programme ; une demi-heure par jour est consacrée à chaque métier. Arrivés à un certain âge, ils font leur choix entre les divers métiers, lequel est mentionné sur le livret. A partir de ce moment, ils travailleront trois fois par semaine au métier préféré, pour cela sans être dispensés de s'exercer aux autres. Le but de l'école n'est donc pas de faire de véritables ouvriers — mais de former des jeunes gens aptes à le devenir d'une façon plus prompte et plus intelligente que par la voie ordinaire, — ne mesure, de plus, par la préparation générale et variée qu'ils auront reçue, de changer, sans trop de difficultés, de métier, si plus tard les circonstances le commandaient, — chose excellente, au point de vue économique.

J'aurais bien d'autres notes à vous fournir, mais le temps m'est un peu mesuré. Je me réserve de vous les transmettre dans une prochaine correspondance.

D'ailleurs, M. Laubier a bien voulu m'inviter à lui rendre une autre visite. J'userai de l'invitation pour recueillir quelques données sur l'installation matérielle, l'étendue des programmes d'étude et l'organisation du personnel enseignant. Ce dernier point a, selon moi, la plus grande importance, car le succès d'une semblable entreprise dépend — presque complètement — des personnes à qui en sera remis le soin, tant pour la direction que pour l'enseignement. Je crains que vous n'ayez, de ce côté, de fort sérieuses difficultés à vaincre, mais je crois qu'on peut — avec quelque raison — dire d'une volonté ferme et persistante ce que les mystiques disent de la foi : elle soulève les montagnes.

Je vous entretiendrai prochainement aussi de l'École Turgot que je n'ai pas encore eu le temps de visiter.

Recevez, etc., etc.

DEUXIÈME PARTIE.

LES CONSULTATIONS JURIDIQUES.

Lettre à M. A. LARA MIOT, rédacteur de la « Vérité ».

Mon cher rédacteur,

Je recours à votre bienveillant et hospitalier journal pour aviser le public que je viens d'ouvrir à Port-au-Prince un cabinet de consultations juridiques et ajouter à cet avis, comme un accompagnement nécessaire, quelques courtes considérations sur l'utilité que peuvent présenter ces sortes de consultations, dont j'essaie d'acclimater l'usage chez nous (1).

---

(1) De retour à Port-au-Prince, en 1886, après avoir achevé mon droit à la Faculté de Paris je me vis refuser par Salomon une *commission* d'avocat. Il m'interdisait par là l'exercice de cette profession, car, d'après notre loi sur l'ordre, il est impossible, sans cette commission, de militer devant les tribunaux. J'en fus réduit à donner seu-

***

Qu'une telle pratique doive offrir d'incontestables avantages au point de vue de la bonne et sûre direction à imprimer à certaines affaires privées, c'est là une vérité qui, sautant aux yeux, est, pour ainsi dire, palpable.

A part les cas de mauvaise foi dont on n'a pas à tenir compte car, pour les empêcher de se produire, c'est plutôt une cure morale qu'il faudrait entreprendre, à part ces cas, les procès, le plus souvent, naissent de la négligence, de l'imprévoyance, de l'entêtement du plaideur basé sur une fausse notion de son droit ou de son intérêt et de foule d'autres causes inhérentes à l'imperfection de la pauvre intelligence humaine qui ne nous permet ni de tout embrasser, ni de tout connaître à la fois. Combien, dès lors, ne devient-il pas facile de les éviter en puisant, à bonne source, les renseignements et les lumières propres à éclairer notre jugement? « Autre-« fois, disent Duchaîne et Picard, dans leur *Traité de* « *la profession d'avocat*, la consultation était le pré-« liminaire obligé de tout procès. C'était une excel-

---

lement des consultations et cela jusqu'en l'année 1888, où le gouvernement provisoire, après la chute de Salomon, fit droit à ma demande et m'accorda la commission si longtemps attendue. Par le fait, j'avais perdu trois années.

(J. D. 1892).

« lente coutume qui soumettait la cause à un examen « approfondi avant son intentement. Aujourd'hui les « avocats consultants ont presque disparu. Mais « aussi que d'actions intentées à la légère (p. 382). »

Il existe pour les affaires, comme pour la santé, des règles de l'observation desquelles dépend leur bon ou leur mauvais état. Parmi ces règles beaucoup sont tellement élémentaires, découlant en quelque sorte du simple bon sens, qu'il n'est pas besoin de s'adonner à des études spéciales pour en avoir la connaissance. La pratique de la vie suffit à les révéler. Que d'autres, en revanche, d'un caractère plus technique, exigent, pour être sues et maniées avec précision, de longues et pénibles études, une application continue, resserrée dans les limites de ce qu'on appelle *une profession*. Par cela même elles échappent à l'énorme quantité de gens qui sont dans les affaires et dont l'esprit, livré aux combinaisons de toutes sortes, n'a pas le temps de se pénétrer des principes spéciaux qui président aux conventions humaines et des particularités de la législation.

Aussi devient-il indispensable, à certains moments, de recourir à quelqu'un qui soit à même, en vertu de sa compétence professionnelle, d'indiquer les moyens à employer, les précautions à prendre pour prévenir telles ou telles difficultés, faire cesser telles ou telles autres. Sans cela on risque fort de commettre des imprudences, des erreurs, des fautes dont la réparation ne pourra malheureusement pas se faire par de platoniques regrets, mais nécessitera au contraire des sacrifices pécuniaires parfois bien importants.

Les conseils de la raison et les inspirations de l'intérêt s'accordent donc à recommander l'adoption du seul procédé efficace pour s'épargner et ces regrets inutiles et ces sacrifices douloureux.

Je ne ferai qu'indiquer la situation toute favorable, au point de vue de l'impartialité, où se trouve l'avocat-consultant qui, non mêlé à l'organisation et au dénouement des procès, n'a pas à subir la double attraction, en sens inverse, de l'intérêt personnel d'une part qui incite à encourager les dispositions processives du client, du devoir de l'autre qui commande, le cas échéant, de dire la vérité à ce même client sur l'inanité et l'inconsistance de sa prétention. — Ne peut-il pas aussi, par son influence et le poids de son appréciation, résultant de l'autorité acquise, pousser les parties à un accord, déterminer un arrangement qui, même mauvais, vaut toujours mieux on le sait qu'un procès, même bon?

Est-ce à dire qu'il faille pousser le scepticisme jusqu'à refuser de croire à l'existence d'hommes chez qui le devoir parlera toujours plus haut que l'intérêt et sera obéi, sans même qu'ils éprouvent, placés entre les deux, la philosophique hésitation de « l'âne de Buridan » entre ses picotins d'avoine? Telle n'est pas ma pensée. J'ai distingué pour ma part plus d'un de mes confrères que l'on peut ranger dans cette catégorie d'hommes, d'autant plus recommandables et méritoires qu'ils sont comme une petite poignée de bons grains au milieu d'une considérable quantité d'ivraie.

N'est-il cependant pas mieux d'imiter, en toute circonstance, la sage et prudente réserve du législateur qui prend un soin infini à ne pas mettre aux prises, dans la même personne, des sentiments contraires, de l'opposition et du conflit desquels pourraient résulter de fâcheuses déviations de conduite?

Après cela, peut-être viendra-t-il sur les lèvres de quelques-uns le mot malicieusement ironique de Sganarelle : *Vous êtes orfèvre, Monsieur Josse.* Soit! Mais le jour où l'on casse sa breloque, on ne manque généralement pas de trouver que M. Josse a du bon, s'il vous la raccommode bien. On trouverait même qu'il y a mieux que du bon s'il enseignait avec sûreté le moyen de ne pas la casser du tout.

Apprenons donc à entourer d'estime et d'encouragements les « Monsieur Josse » de ce monde qui ne trompent pas la clientèle sur la *qualité de la marchandise.*

Voilà, mon cher rédacteur, les quelques considérations que je vous annonçais au début. Puissent-elles, ainsi que mon innovation, obtenir l'adhésion de vos nombreux lecteurs.

Veuillez agréer, etc., etc.

DU CARACTÈRE JURIDIQUE DE L'AVOCAT EN HAÏTI.

L'avocat, en Haïti, est revêtu d'un double caractère. Il fait la procédure et prononce des plaidoiries devant les tribunaux. Il réunit en sa personne des attributions qui, dans la plupart des législations étrangères, la française notamment, sont séparées et dévolues à des personnes distinctes, l'avoué d'un côté, l'avocat (*stricto sensu*) de l'autre. En me proposant de définir, la ramenant à ses vrais caractères, la fonction de l'avocat haïtien, je me servirai surtout, ai-je besoin de le dire, des indications que me fourniront les lois nationales, sans pourtant me priver de la faculté d'éclairer certains points par des vues et des considérations empruntées à la littérature juridique des autres peuples.

Je recourrai principalement aux textes français dont le rapprochement avec les nôtres est naturellement indiqué par l'analogie et, souvent même, la conformité des dispositions. Je me référerai aussi, en passant, à la loi du 1er juillet 1878 instituant en Allemagne des avocats-avoués, des *Rechtsanwaelte* comme on les y appelle.

I.

Une première question se pose qu'il faut tout d'abord résoudre.

L'avocat haïtien, en tant que procédurier, c'est-à-dire faisant ou dirigeant la procédure pour les parties devant les tribunaux civils, est-il un avoué, au sens que ce mot reçoit dans l'organisation judiciaire de la France?

Ma réponse sera nette et négative :

Non, l'avocat, en Haïti, n'est pas un avoué.

Quels sont en effet les caractères distinctifs des avoués français? Ils se peuvent classer sous les trois numéros qui suivent :

1° Ils sont officiers ministériels;

2° Leur ministère est *forcé*, *obligatoire* soit pour les parties qui ne peuvent engager une instance, *ester* en justice sans avoués, soit pour ceux-ci qui n'ont pas le droit de refuser leur assistance aux parties;

3° Ils ont le droit exclusif de *postuler* et de *conclure* pour les parties dont ils sont, devant les tribunaux, les représentants légaux.

Ces mêmes caractères se retrouvent-ils chez l'avocat haïtien? — Examinons.

1° Il ne rentre certainement pas, malgré la rubrique de la section 3 du chapitre III de la loi organique de 1835, et l'art. 1er de cette même loi, dans la catégorie des officiers ministériels, lesquels sont des agents judiciaires institués par la loi et *nommés* par le Pouvoir exécutif. Or, en Haïti, pas plus qu'en France, le Président de la République ne *nomme* l'avocat, ne l'investit de sa fonction (1). Il ne fait, chez nous, que lui délivrer une *commission* dont l'effet est de permettre, après la prestation de serment et le stage (les docteurs et licenciés en droit d'une Faculté étrangère sont dispensés du stage) son inscription au tableau de l'ordre. Cette commission présente quelque analogie avec l'*autorisation d'exercer* qui est accordée aux médecins étrangers après que leurs connaissances et leur aptitude à soigner les maladies ont subi le contrôle du jury médical central (c'est le personnel enseignant de l'École de médecine qui eût dû exercer ce droit d'examen). La délivrance de cette commission constitue donc une simple formalité, une précaution qui pouvait avoir sa raison d'être et par conséquent se défendre, quand le pays était privé d'une École de droit délivrant des diplômes réguliers; mais qui ne tardera pas à disparaître, il faut l'espérer, par suite d'une

(1) Il existe à Paris une classe d'avocats qui sont en même temps officiers ministériels et propriétaires de leur charge. Ce sont les avocats à la Cour de cassation et au Conseil d'État dont le nombre est limité à soixante.

réforme rationnelle de la loi sur l'*Ordre des avocats*.

2° Le ministère de l'avocat haïtien n'est pas obligatoire comme celui de l'avoué français.

Cette proposition résulte de nombreuses dispositions du Code de procédure civile dont je note ici les plus importantes :

Art. 85. — *Les parties pourront, tant en demandant qu'en défendant*, OCCUPER PAR ELLES-MÊMES *ou par le ministère des défenseurs publics* (1).

Art. 150. — *S'*IL Y A DÉFENSEUR EN CAUSE, *le jugement ne pourra être exécuté*, etc.

Puis les art. 200, 262, 343, 344 2e al. (2), etc., etc.

Cette série de textes et nombre d'autres que je pourrais invoquer prouvent, jusqu'à l'évidence, que la loi n'impose pas aux parties l'obligation de s'adresser aux avocats pour conduire leur procédure. Elle leur permet de la diriger elles-mêmes, en s'éclairant de leurs propres lumières ou bien en s'aidant des conseils

(1) Dans la terminologie du Code de procédure civile le mot « *défenseur public* » veut dire « avocat ». A une certaine époque en France, après l'abolition de leur ordre par la Révolution française, on appelait les avocats « *défenseurs officieux* ».

(2) Voir notamment les formalités de la *saisie immobilière* dont l'accomplissement en France exige l'intervention d'un avoué, tandis qu'en Haïti le saisissant peut y procéder en personne.

d'un guide au courant des difficultés de la matière.

Qu'il me soit permis de constater ici, bien que je veuille écarter de cette étude tout examen critique, qu'un pareil système ne va pas sans de nombreux inconvénients dont le principal et le plus digne d'être pris en considération se réfère au péril que fait courir à leurs intérêts l'inexpérience ou l'incapacité des particuliers procédant eux-mêmes à l'organisation de leurs procès.

« On n'a pas assez songé, dit Boitard répondant « aux attaques dirigées contre le privilège des « avoués, on n'a pas assez songé qu'abandonner « aux parties elles-mêmes la direction des affaires, « ce serait d'abord les exposer à des erreurs, à des « surprises sans nombre de la part d'un adversaire « plus aguerri ou mieux conseillé, de plus rendre les « communications judiciaires plus lentes, plus hasar- « deuses et surtout plus coûteuses; enfin ce serait, « en réalité, abandonner les plaideurs au patronage « cupide d'intrigants sans mission, sans caractère. » (*Procédure civile*, p. 43, éd. E. Glasson, 1885).

Ces réflexions sont excellentes. En rendant obligatoire l'intervention de l'avocat pour la conduite de la procédure, on remédierait aux inconvénients signalés, on ramènerait à l'harmonie quelques dispositions discordantes du Code de procédure, enfin on établirait du même coup une certaine similitude, non désavantageuse suivant moi, entre l'avocat haïtien et ces avocats-avoués d'Allemagne auxquels j'ai déjà fait allusion.

En effet, « la *nécessité* de l'assistance d'un avoué « dans les procès civils devant les tribunaux collé- « giaux est un des principes de la nouvelle procé- « dure, écrit M. Flach à propos de l'institution créée « par la loi d'empire de 1878. L'avoué constitué doit « représenter le plaideur d'une manière pleine et « entière et n'être étranger ni à la conduite de la « procédure, ni à la discussion orale des droits de « sa partie. De là, le cumul du rôle de l'avocat et « de celui de l'avoué par ce *mandataire* unique qui « s'appelle le *rechtsanwalt*. » (Georges Flach, *Le barreau allemand*, p. 5).

Ces lignes déterminent le rôle qu'aurait *toujours* eu à remplir l'avocat haïtien si les rédacteurs du Code de procédure civile, en adaptant à notre organisation sociale le Code de procédure français, avaient songé à systématiser leurs idées et leurs vues relativement à ceux qu'ils appellent « des défenseurs publics » (1).

---

(1) Les fonctions de l'avoué sont également confondues avec celles de l'avocat dans le royaume des *Pays-Bas* et en *Suisse*. En Italie une loi du 8 juin 1874 distingue la profession d'avocat de celle de l'avoué, mais *permet* le cumul des deux.

L'autre face de la question ne soulève pas plus de doute que celle que je viens d'envisager.

De même qu'il n'a pas le monopole des actes de procédure, de même l'avocat n'est pas tenu d'accepter les affaires qui lui sont apportées.

Ce principe est trop généralement admis pour que j'y veuille insister.

Je passe de suite au numéro suivant.

3° Les avoués, en France, ont le droit exclusif de *postuler* et de *conclure* pour les parties.

Je viens d'établir que les parties sont, en Haïti, absolument libres de diriger elles-mêmes leurs procès. Mais une fois décidées de s'en remettre de ce soin à un homme compétent, sont-elles dans l'obligation de s'adresser à un avocat, exclusivement à toute autre personne étrangère à la profession?

Deux points doivent être tout d'abord écartés qui ne soulèvent nulle difficulté; en matière commerciale et devant les tribunaux criminels on peut charger n'importe qui, en le munissant d'un mandat spécial ou en le désignant aux juges, de la défense de son droit, de sa liberté ou de sa vie. Le mandataire spécial ou l'ami désigné aura, à cet effet, à peu près le même pouvoir que l'avocat, avec cette différence que le mandat de celui-ci se présume tandis que le premier devra établir l'existence de sa procuration (1).

Mais en peut-il être de même en matière civile?

La question est assez délicate. Pour ma part, je suis tenté de la résoudre par la négative.

Il semble ressortir assez clairement des termes de l'art. 85, Pr. civ. (Voir plus haut le texte de cet article) que le choix n'est laissé aux parties qu'entre deux décisions : ou bien *occuper par elles-mêmes*, ou bien *par le ministère des défenseurs publics*.

On peut objecter, il est vrai, s'appuyant sur les principes mêmes de la théorie du mandat, que les actes exécutés par le mandataire se réalisent en la personne du mandant; que le mandataire n'est qu'un intermédiaire sur la tête duquel passent les effets juridiques de l'acte intervenu pour aller se poser sur celle du mandant; que la faculté de se faire représenter est de droit commun et ne peut être enlevée à une personne qu'en vertu d'une exception certaine et consignée dans un texte, etc., etc.

Malgré ces objections, je persiste à croire que la

(1) Devant un tribunal criminel l'accusé qui veut se faire défendre par un ami doit obtenir à cette fin l'autorisation du doyen du tribunal. Il m'a été demandé si la partie civile peut se faire représenter à la barre par un particulier. J'estime que non. Cette prérogative est exceptionnelle et s'explique par le désir d'assurer la défense (octobre 1892).

volonté du plaideur ne peut se mouvoir que dans les limites de l'alternative posée par l'art. 85 et que, par conséquent, celui qui ne comparait pas lui-même devant un tribunal civil est obligé d'y comparaître en la personne d'un défenseur public (avocat). Admettre la thèse contraire, c'est, à mon avis, froisser la lettre et l'esprit de l'art. 85, et, de plus, détruire l'une des principales prérogatives de l'avocat, en rendant accessible au premier venu la représentation en justice des plaideurs.

Mon opinion à cet égard s'applique à la procédure devant le tribunal de cassation. — La jurisprudence admet cependant que la partie qui ne fait pas en personne sa déclaration de pourvoi peut charger de ce soin, par procuration spéciale, un individu autre qu'un avocat (Cass. 14 novembre 1842. — Linstant-Pradines, *Code de procédure*).

A ce troisième point de vue l'avocat haïtien, comme l'avoué français, est un mandataire — *procurator ad litem* — dont le mandat se présume, sauf en certaines hypothèses exceptionnellement importantes où la loi exige un mandat *ad hoc* ne bénéficiant pas de la présomption rappelée.

Ainsi, en condensant dans quelques lignes le développement qui précède, on voit :

1° Que l'avocat n'est pas un officier ministériel;

2° Qu'il n'est pas un intermédiaire forcé entre les parties et la justice ;

3° Qu'il est le représentant légal, forcé de la partie qui ne veut pas venir elle-même poser ses conclusions devant le tribunal civil.

Il n'y a, par conséquent, pas de similitude à établir entre lui et l'avoué français dont les attributs ne se retrouvent pas au complet en sa personne.

Cette conclusion permet d'aborder la deuxième partie de cette étude dans laquelle je me propose de montrer l'avocat sous sa physionomie la plus attrayante, dans son cabinet de consultations, puis à la barre développant dans sa plaidoirie les conclusions prises au nom du client.

II.

Quand sur les explications soit verbales soit écrites d'un client, l'avocat, faisant à l'*espèce* qui lui est soumise l'application des principes juridiques et des dispositions de la loi, renseigne ce client sur la nature et la valeur de son droit, lui indique les moyens à employer pour le faire valoir ou bien lui conseille d'abandonner sa prétention, il donne ce qu'on appelle une *consultation*.

Quelle est la nature juridique de cet acte? Comment désigner le rapport de droit qui s'est momentanément établi entre cet avocat qui donne une consultation et ce client qui la lui paie?

Il intervient simplement entre ces deux personnes un contrat synallagmatique pouvant se ranger sous la formule *facio ut des*. C'est purement un louage d'ouvrage (*locatio operis*), contrat d'une importance doctrinale assez mince, excessivement terre-à-terre, que les commentateurs du Code placent avec quelques autres sous la dénomination de *petits contrats* et qui, malgré cela, ne saurait porter atteinte à la dignité de l'avocat, pas plus que la consultation du médecin ne l'abaisse au niveau d'un artisan.

Eh bien! ceci admis, il faut se demander si l'avocat plaidant au tribunal, défendant les intérêts de son client, en est le représentant, le mandataire, ou bien s'il se trouve vis-à-vis de lui dans la situation juridique d'un homme qui met son industrie au service d'un autre homme. du commissionnaire vis-à-vis du commettant (1), de l'architecte vis-à-vis de celui qui

(1) On a essayé de présenter le commissionnaire comme un mandataire, en vertu d'une espèce particulière de mandat qu'on a baptisé du nom de *mandat commercial*. Il n'y a là rien de bien sérieux. L'architecte lui-même est quelquefois présenté comme un mandataire au lieu d'être considéré comme un loueur d'industrie. C'est une thèse

fait construire, du *maître* comme on dit en droit, en un mot du *locator operis* vis-à-vis du *conductor*.

Pour ma part, mettant toute vanité de côté, tout faux point de dignité, je n'hésite pas un instant à soutenir que la convention intervenue entre l'avocat et le plaideur est un louage d'ouvrage, ou pour préciser un *louage d'industrie* pouvant s'analyser ainsi : d'une part l'obligation contractée par l'avocat de défendre et de protéger le client devant le tribunal; de l'autre l'obligation contractée par le client de payer à l'avocat une certaine somme d'argent en rémunération de son service, somme qui n'est qu'un salaire, mais que l'on a pris l'habitude d'appeler *honoraires* à cause de l'éclat, du prestige, de la haute dignité dont la profession d'avocat se trouve entourée, depuis l'antiquité.

Beaucoup d'auteurs pourtant, s'inspirant en cela de la tradition romaine, résistent à cette idée.

Suivant les uns, il faut voir dans l'acte que nous cherchons à caractériser un véritable mandat. C'est l'opinion la plus faible et qui se défend le moins bien.

Suivant d'autres (ils sont assez nombreux), il n'y

---

inadmissible. Elle est pourtant soutenue dans un livre récent : *Les architectes et leurs rapports avec les propriétaires*, etc., par M. David de Penanrun.

a ni mandat ni louage d'ouvrage, mais un contrat *sui generis*, en dehors des contrats spéciaux prévus, qualifiés et réglementés par les lois civiles.

Nous retrouvons là une théorie chère aux jurisconsultes romains.

Les Romains, en effet, s'étaient plu à considérer la profession d'avocat comme tellement noble et élevée, tellement au-dessus des petits calculs de l'égoïsme et de la cupidité que, pour la placer dans une sphère idéale, pour l'empêcher de « tomber à un degré inférieur où elle subirait les conditions subalternes du louage d'ouvrage ou du mandat ordinaire », leurs jurisconsultes si clairs d'habitude et si précis, si rigoureusement logiques surtout, s'étaient laissés entraîner à obscurcir les notions les plus simples et les plus exactes.

Le louage d'ouvrage, suivant eux, implique un travail *matériel* qu'on rémunère, salarie; quant aux médecins, avocats, professeurs, etc., dont l'assistance se manifeste par des actes immatériels, de pure intelligence, on les *récompense*, on ne les *rémunère* pas. — Si bien que pour rester en conformité avec ce point de vue, il ne faudrait voir dans la convention formée entre le client et l'avocat ni un louage d'ouvrage, ni un mandat au sens rigoureux du mot, mais plutôt un pacte rentrant dans la catégorie des *contrats innomés* (L. 5, § 2, D. *De prescriptis verbis*. —

Gaïus, III, 146, 147. — *Inst.* L. III, t. XXIV, *De locatione*, § 4) (1).

Toute cette théorie, construite à grands frais d'imagination (voir Pothier, *Mandat*, nos 26 et suiv.), ne repose sur rien de réel. Elle prend sa source dans un préjugé fort honorable certainement pour ceux qui en sont l'objet, mais dont l'abandon, comme celui de tout préjugé, ne saurait être trop fortement recommandé (2).

(1) L'avocat, à Rome, ne pouvait réclamer en justice sa rémunération que par une *persecutio extrà ordinem*, il n'avait pas l'*actio mandati*.

(2) M. Ortolan, dans son *Commentaire des Institutes de Justinien* (t. II, p. 325), après avoir exposé les règles du droit romain concernant les professions libérales, ajoute : « Bien que, dans cette distinction, l'amour-propre soit en « première ligne, cependant elle ne manque pas d'avoir, « au fond, quelque chose de vrai. Personne, en son cœur, « ne croit s'être acquitté à prix d'argent envers le médecin qui l'a sauvé des douleurs ou du danger, envers « le précepteur qui a formé le moral et cultivé l'esprit, « envers l'avocat qui s'est dévoué à la défense. On sent que « de tels services, rendus honorablement, ne sont pas l'objet d'un contrat purement pécuniaire ; qu'un élément plus « immatériel entre dans le contrat et que, l'argent donné, « on reste débiteur de quelque autre chose encore qu'on « ne croit pas devoir à celui dont on a loué seulement le « travail manuel. » Ce sont là de nobles et généreuses considérations bien dignes de l'esprit philosophique qui

Quoi qu'il en soit, il importe, au risque de se répéter, d'insister quelque peu : car malgré la netteté de la thèse que je soutiens, la pratique persiste à méconnaître la vérité juridique pour s'attacher à l'ancienne distinction.

Je prends la définition du louage d'ouvrage telle

---

les a produites et auxquelles nous adhérons pleinement, mais ce qu'il faut constater et faire ressortir, c'est que cet élément immatériel visé par le célèbre jurisconsulte, c'est-à-dire la reconnaissance du client, ne fait pas partie intégrante du contrat qui, au point de vue du droit positif, ne comprend que le service rendu et le prix en argent de ce service. Le reste est dû, pour ainsi dire, par-dessus le marché, et ne l'est que comme conséquence d'une *obligation morale* dénuée de sanction effective et, par là, relevant plus du cœur et de la conscience que du Code civil.

Un autre éminent esprit, M. Renouard, jurisconsulte et économiste, tout en tenant compte de ce côté de la question, a su pourtant se défendre des entraînements du sentiment et ne s'est pas laissé égarer. M. Henri Baudrillart, rendant compte de ses travaux, dit : « Avec M. Duvergier « il (M. Renouard) conteste cette théorie du mandat gra- « tuit et trouve sophistique l'application qu'on en fait. Ce « qu'il y a là, ce sont des services rémunérés, qu'ils soient « intellectuels ou matériels. Rien ne fera que ce soit d'une « manière purement accidentelle et non en vertu de sa « profession, qu'un médecin, un avocat, etc., reçoive une « rémunération. On se plaint de l'expression de louage, « loyer, location, comme trop peu relevée ou trop maté- « rielle, l'auteur du *Droit industriel* propose le mot de « contrat de prestation, et il donne à cette idée de larges

qu'elle est donnée par l'art. 1482 du Code civil dont les termes se retrouvent exactement dans l'art. 1710 du Code français : « *Le louage d'ouvrage est un con-* « *trat par lequel l'une des parties s'engage à faire* « *quelque chose pour l'autre, moyennant un prix* « *convenu entre elles.* »

L'hypothèse où nous sommes ne réunit-elle pas tous les éléments enfermés dans la formule ci-dessus ? On n'en peut guère douter, car on y voit :

1° L'avocat s'engageant à faire *quelque chose* pour le client ;

2° Le client de son côté s'engageant à payer à l'avocat un *prix* (le montant des honoraires) *convenu entre eux.*

Pourquoi donc alors ne pas se défaire d'une distinction artificielle, arbitraire et où le droit n'a rien à voir ? Elle s'expliquait à la rigueur dans les sociétés antiques où le travail matériel était méprisé, avili,

---

« et beaux développements. » (*Revue des Deux-Mondes*, 15 août 1880).

Il est certain que le travail et les diverses *prestations* auxquelles il peut donner lieu sont insuffisamment réglementés par le Code civil qui présente à cet égard de regrettables lacunes. Mais quelle que soit la dénomination adoptée pour les contrats entre particuliers et avocats, médecins, etc., on ne pourra pas changer le fond des choses.

faisant encourir une sorte de dégradation sociale, si bien que ceux qui exerçaient une profession libérale pouvaient avoir de la répugnance à se voir comprendre, même juridiquement, parmi les individus « vivant de leur industrie ». Combien les choses ont changé depuis, je n'ai à l'apprendre à qui que ce soit ! De nos jours, partout où l'homme est libre et la propriété protégée par la loi, le travail, sous toutes ses formes, est honoré, glorifié même, et on a pu dire, avec quelque apparence de raison, que le XIXe siècle est, par excellence, le siècle de l'industrie.

Ne rougissons donc pas de voir assigner à nos actes professionnels un rang plus ou moins important dans les catégories établies par la doctrine juridique. La profession d'avocat a un passé trop glorieux, trop surchargé de noblesse et d'honneur pour redouter une pareille classification. « Ce qui rehausse, à no-
« tre sens, dit avec une grande élévation de pensée
« M. Baudry-Lacantinerie, l'éclat de ces professions
« (les professions libérales), c'est qu'elles permettent
« de faire le bien sur une vaste échelle..... Après
« cela la qualification juridique que l'on donne à
« ceux qui les exercent importe peu : c'est la dignité
« de l'homme qui fait celle de la profession. » (*Précis de droit civil*, t. III, p. 526, 1re édit., 1884). Cela est juste et vrai, sans compter, en ce qui regarde spécialement la profession d'avocat, qu'elle est sous la

sauvegarde de règles, de traditions, d'une organisation légale de nature à la préserver de toute atteinte dangereuse, de tout abaissement social.

Il ressort de cette discussion que l'avocat, envisagé sous le second aspect que nous avons indiqué, est juridiquement un *locator operis*, un homme qui vit de son industrie, rendant des services et les faisant payer à qui les lui demande. Il n'est pas mandataire, parce que le mandat emporte nécessairement l'idée de représentation et que l'avocat ne représente pas son client. Il parle pour lui mais ne parle pas *en son nom*. Il est encore moins ce que les jurisconsultes romains et, après eux, une grande partie des commentateurs modernes ont voulu faire de lui : un homme sans caractère juridique bien déterminé et dont les actes ne seraient soumis à aucun principe certain.

III.

Je puis maintenant, revenant à mon point de départ, formuler les deux propositions qui suivent :

1° Quand il fait la procédure, l'avocat haïtien est un *mandataire*, agissant non seulement pour le compte de son client mais de plus *en son nom*. Son rôle à cet égard, se rapproche de celui de l'avoué français, sauf que ce dernier est un mandataire forcé, imposé par la loi à l'individu qui veut introduire une action en justice.

2° Comme consultant et comme défenseur, développant oralement ses conclusions ou plutôt les *conclusions de son client*, défendant et protégeant ce client, il est, à l'égal de l'avocat français, un *locator operis*, un loueur d'industrie juridiquement assimilable au commissionnaire, au voiturier, à l'architecte, au médecin, au professeur, etc.

De là, nécessité de faire à ses actes professionnels l'application distributive des principes soit du mandat, soit du louage d'ouvrage suivant qu'il avait, au moment d'agir, l'un ou l'autre caractère.

De ces deux caractères le plus noble, le plus élevé, celui qui exige chez l'avocat le plus de dignité et d'honneur, est le dernier. Il est avant tout *défenseur*. Et quand il reste forcément dans les broussailles de la procédure, il ne doit pas oublier que sa fonction ne se relève et ne se rehausse que par les qualités personnelles qu'il possède et dont la révélation se fait soit à l'audience où par une parole sincere, convaincue, précise, éloquente par conséquent, il essaie d'amener les magistrats à ce qu'il croit être la vérité, soit à son cabinet où, en tête-à-tête avec des clients, il reçoit leurs confidences et peut, d'un seul mot, les détourner d'un procès ruineux ou scandaleux.

Publié dans la *Revue de la Société de Législation*.
(n° du 2 mai 1892).

QUESTIONS DE NATIONALITÉ.

Parmi les nombreuses questions qui sollicitent l'examen des publicistes et des hommes d'Etat et sur lesquelles vont bientôt rouler les débats de la Constituante, il en est une qu'il convient de signaler tout spécialement à l'attention de nos législateurs.

C'est celle de la nationalité.

Dans tous les temps et dans tous les pays, les problèmes — problèmes toujours fort délicats — que soulève la nationalité sont l'objet d'une discussion jamais épuisée. Les éléments de solution changeant avec les époques, les latitudes, le degré de civilisation, l'état économique et politique de chaque peuple, il y a lieu pour ceux qui s'occupent de législation de suivre, en cette matière, le mouvement des mœurs, des idées, afin de mettre les données de la loi positive en harmonie avec les besoins nouveaux, les nécessités issues d'un contact plus régulier, plus fréquent avec l'étranger, d'une pénétration plus intime des peuples entre eux.

Les jurisconsultes et les législateurs de la France n'ont pas manqué à ce soin. Leurs efforts tendent au perfectionnement incessant des règles sur la nationalité, à l'établissement d'une concordance aussi parfaite que possible entre elles et les législations étrangères, pour éviter des conflits de lois souvent insolubles et toujours fort préjudiciables aux intérêts privés.

De 1804 à nos jours il n'y pas eu, sur ce point, en France, moins de six lois et, en ce moment même, un projet de loi très étendu, du à l'initiative de M. Batbie, est en discussion dans les Chambres françaises (1).

On voit donc combien sont mobiles les principes qui régissent la matière, mobilité qui s'explique, comme je viens de l'indiquer, par le déplacement même du point de vue sous lequel on est forcé d'envisager les questions qui s'y rattachent.

C'est pourquoi il est contraire à toute bonne prévoyance législative de placer les dispositions sur la nationalité dans une œuvre dont on doit, autant que possible, assurer la stabilité et la durée. En

(1) La réforme législative en cette matière a été accomplie en France par l'importante loi du 26 juin 1889 dont les dispositions ont été incorporées au Code civil. Il est intéressant de faire remarquer que de nouvelles concessions y ont été faites au système du *jus soli* si favorable pourtant à la naissance des *conflits de loi*. Les considérations d'utilité politique et économique l'ont emporté sur les arguments rationnels qui recommanderaient l'adoption exclusive du principe du *jus sanguinis*. (Octobre 1892).

1884 l'Assemblée nationale dut soumettre la Constitution de 1879 à une révision rien que pour changer la formule de l'art. 5 relatif à la situation de la femme haïtienne mariée à un étranger.

Est-il nécessaire d'ajouter après cela que nous condamnons l'usage adopté chez nous — usage traditionnel — suivant lequel le législateur haïtien fixe dans la Constitution même les règles par lesquelles la nationalité se détermine, s'acquiert et se perd.

Historiquement cet usage s'explique. On a dû éprouver, à un moment donné, le besoin d'imprimer une force toute spéciale à ces dispositions en les mettant à l'abri de la consécration solennelle dont bénéficient les principes constitutionnels. Et ce besoin devait être d'autant plus intense qu'on était plus près de l'époque de l'indépendance et, par conséquent, plus désireux de placer hors d'atteinte les règles protectrices de la nationalité haïtienne. Mais cet usage, contraire à une bonne classification juridique, se trouve aujourd'hui privé de l'appui des circonstances historiques derrière lesquelles on pouvait se retrancher pour le défendre. Notre indépendance nationale s'est consolidée avec le temps et, sous la seule condition de nous assagir et de mettre un terme à nos querelles intestines sans cesse renaissantes, il nous est permis, aujourd'hui, de nous montrer moins défiants à l'endroit de l'étranger.

Il est donc utile (première réforme) d'enlever de la Constitution les articles signalés.

Envisageant maintenant ces dispositions en elles-mêmes, nous ne saurions nous taire sur leur défectuosité, leur défaut d'harmonie.

Prises en leur rédaction présente, elles sont de nature à faire naitre foule de difficultés d'interprétation, à créer au juge, en certains cas, les plus grands embarras.

Quelques-unes d'entre elles sont comme les vestiges d'un état social heureusement modifié depuis longtemps. Elle détonnent absolument dans l'ensemble des idées et des sentiments actuels du peuple haïtien. Telles sont, par exemple, les dispositions de l'art. 4 de la Constitution de 1879.

On y retrouve sous une de ses manifestations, l'esprit de défiance et d'exclusion dont étaient animés nos pères à l'endroit des individus de la race blanche.

N'est-il pas exact d'affirmer que, sur ce point, l'esprit général de la nation a certainement évolué vers la confraternité et la tolérance ?

Pourquoi, dès lors, puisque l'occasion s'en présente, ne pas s'empresser de modifier, dans le sens même indiqué par la raison et le sentiment publics, les conditions de la naturalisation.

On n'hésitera pas une minute à réaliser aujourd'hui le progrès demandé, si l'on considère qu'une première étape a été déjà faite par les deux Constitutions de 1874 et de 1879.

La Constitution de 1867, aussi rigoureuse en cela que ses aînées, excluait complètement toute une classe d'étrangers, les Européens entr'autres, du bénéfice de la naturalisation haïtienne, réservant sa préférence exclusive aux Africains, Indiens et leurs descendants (1).

La Constitution de 1874, se relâchant de cette excessive rigueur vis-à-vis des étrangers autres que ceux de race africaine ou indienne, introduisit, en leur faveur, une sorte de naturalisation exceptionnelle soumise à certaines conditions déterminées, comparable. sous un rapport, à ce qu'on appelait autrefois en France la *grande naturalisation* et, sous un autre rapport, à la naturalisation qui y est désignée sous le nom de naturalisation *extraordinaire* ou *privilégiée*. C'est cette disposition que nous retrouvons dans la Constitution de 1879 (Art. 4, 2e alin.) (2).

---

(1) *Constitution de* 1867. — Art. 4. « Tout Africain ou « Indien et leurs descendants sont habiles à devenir « haïtiens. La loi règle les formalités de la naturalisa- « tion. » Il faut noter cependant qu'elle ne reproduit pas la clause formelle d'exclusion qui se retrouve dans les Constitutions de 1843 et 1849.

(2) *Constitution de* 1879. — Art. 4 : « Tout Africain ou « Indien et leurs descendants sont habiles à devenir

Il ne reste plus, par conséquent, qu'un dernier effort à faire pour effacer de notre législation cette distinction surannée et y établir des principes communs à tous les étrangers, en dehors de toute considération étroite d'origine et de race (1).

Quant à la nationalité d'origine résultant des cir-

« haïtiens. *Néanmoins, sur la proposition du Président « d'Haïti, l'Assemblée nationale pourra délivrer des titres « de naturalité à tout étranger de bonnes mœurs qui, après « cinq années de résidence dans le pays, aura introduit « un art ou un métier utile, formé des élèves ou se sera « consacré à un établissement d'agriculture.*

« La loi règle les formalités de ces deux modes de naturalisation. » — Il y a quelques différences entre ce texte et l'article correspondant de la Constitution de 1874, mais d'ordre secondaire. Le principe est le même.

(1) Cette dernière étape a été franchie. La Constitution de 1888 d'abord, puis celle de 1889 a posé un principe commun à tous les étrangers indistinctement. — Art. 4 : « TOUT *étranger est habile à devenir Haïtien suivant les règles établies par la loi.* » Il n'y a donc plus à classer les étrangers en deux catégories dont l'une, pour accéder à la nationalité haïtienne, devait remplir des conditions exceptionnelles. Il reste à souhaiter que dans l'établissement des règles prévues — qui n'ont pas encore été introduites dans la loi — la tradition ne reprenne pas son empire et que les conditions et formalités de la naturalisation soient les mêmes pour tous les étrangers. — Je dois indiquer que, en matière de nationalité, toute distinction basée sur la race n'a pas encore entièrement disparu.

constances mêmes de la naissance, l'art. 3 de la Constitution de 1879 s'en occupe, exigeant, pour que l'enfant (il s'agit de l'enfant légitime) naisse haïtien, que son père et sa mère aient chacun cette qualité. « *Sont Haïtiens*, dit le texte, *tous individus nés en* « *Haïti ou en pays étranger d'un Haïtien* ET *d'une* « *Haïtienne* (1). »

Il faut donc que les deux parents soient Haïtiens. Ce principe diffère sensiblement de celui qui se trouve dans le Code civil (1825) et dans les deux Constitu-

---

Ainsi cette même Constitution de 1889 attribue la qualité d'Haïtiens aux *individus nés en Haïti pourvu qu'ils descendent de la race africaine*. Elle adopte le système du *jus soli*, mais pour seulement en faire l'application à cette classe de personnes. Les dispositions de cette nature, encore empreintes d'un sentiment peu philosophique de défiance et d'exclusion mais qui résulte des conditions de formation du peuple haïtien, finiront, avec le temps, par disparaître totalement de notre législation. Ce sera l'œuvre du temps, amenant une modification des idées et des sentiments. (Note de 1872).

(1) Vérification faite il se trouve que ce texte, puisé par nous dans un recueil de Constitutions dû à l'initiative d'un particulier, est inexact. La vraie formule de l'article est : « *Sont Haïtiens tous individus nés en Haïti ou en pays étranger d'un Haïtien* ou *d'une Haïtienne*. » La filiation maternelle continuait donc à être attributive de nationalité pour le fils légitime comme pour le fils naturel reconnu par sa mère.

tions de 1867 et de 1874, principe en vertu duquel il suffisait que l'un des auteurs de l'enfant eût la nationalité haïtienne. La formule était :

« *Sont Haïtiens tous individus nés en Haïti ou en* « *pays étranger d'un Haïtien* ou *d'une Haïtienne.* »

Ces textes, on le voit, font prévaloir chez nous le système du *jus sanguinis* sur celui du *jus soli* sans le tempérer, comme cela a lieu autre part, en France par exemple, par un bénéfice spécial accordé à l'enfant né en Haïti de parents étrangers. Peut-être y aurait-il lieu d'introduire dans nos lois une disposition analogue à celle de l'art. 9 du Code Napoléon lequel favorise, au point de vue de l'acquisition de la qualité de Français, l'enfant né sur la terre de France (1).

---

(1) Nous avons vu que, en ce qui concerne les enfants ayant dans leurs veines du sang africain, notre législateur de 1889 a dépassé ce vœu car, venant au monde sur le sol d'Haïti, ils naissent Haïtiens sans même avoir, à leur majorité, ce droit d'option que d'autres pays réservent aux enfants nés chez eux de parents étrangers. — Quant aux enfants qui ne descendent pas de la race africaine, soit par leur père soit par leur mère, la Constitution de 1889 non seulement ne leur applique pas le *jus soli*, mais encore elle n'a pas pensé à leur ménager, pour l'époque de leur majorité, un droit d'option pour le pays où ils ont vu le jour. Ils ne naissent pas Haïtiens et ne peuvent le devenir par une naturalisation privilégiée s'accomplissant par

Quoi qu'il en soit, il importe surtout de faire ressortir, pour essayer d'en obtenir l'abandon, les conséquences possibles de la règle adoptée jusqu'ici.

Le plus souvent, étant donné l'effet légal du mariage quant au changement de nationalité de la femme qui, en Haïti aujourd'hui, comme presque partout ailleurs, suit la condition de son mari, les deux époux auront même nationalité. Mais cette unité de condition peut disparaître devant une naturalisation soit du mari soit de la femme, postérieure au mariage. La femme mariée ne subit pas nécessairement, dans notre législation, l'effet de la naturalisation du mari (1).

Soit donc (première hypothèse) mari *Français*, femme *Haïtienne*. (Je choisis la France comme étant le pays avec lequel nos relations sont les plus suivies).

Sous l'empire de la Constitution de 1867 ou de celle

---

l'effet de la loi. — De sorte que pour les uns on est allé au delà et pour les autres on est resté en deçà — de notre vœu. La loi française de 1889 a modifié aussi — dans le sens du *jus soli* — l'ancien art. 9 du Code civil. Aujourd'hui l'enfant né en France d'un père étranger est Français, sauf un droit d'option à majorité, si à cette époque il est domicilié en France. (Octobre 1892).

(1) Dans les mariages contractés sous l'empire de la loi de 1860 (dite *loi Geffrard*), chaque époux gardait sa nationalité propre. Cela a duré jusqu'en 1874.

de 1874 l'enfant issu de ces deux personnes serait Haïtien, sa mère l'étant. Mais d'autre part, par application de la loi française qui attribue à l'enfant la nationalité de son père, le nouveau-né serait aussi considéré comme Français par l'Etat français. Comment résoudre ce conflit ? A notre avis il resterait insoluble et l'enfant serait condamné à *avoir deux nationalités.*

Avec la Constitution de 1879 qui veut que les deux auteurs soient Haïtiens, l'enfant naîtrait Français seulement, la filiation maternelle seule n'ayant plus d'influence sur la détermination de sa nationalité.

Mais qu'arriverait-il sous le régime de cette dernière Constitution dans l'hypothèse inverse : père *Haïtien*, mère *Française* (1)?

---

(1) Un ménage français s'expatrie et vient habiter Haïti. Séduit par les facilités de l'existence sous ce beau ciel et dans cette contrée si clémente, il se décide à y rester toujours et le mari, je suppose, se fait naturaliser Haïtien. A moins d'une demande formelle de la part de la femme, elle restera française. Un enfant leur vient. Il s'agit de déterminer sa nationalité : telle est notre hypothèse. Autre *espèce :* Un mariage a eu lieu entre un Haïtien et une Française sous l'empire de la loi de 1860 qui laissait à la femme sa nationalité d'origine. Voici donc un ménage où, sous le rapport de la nationalité, la qualité du mari diffère de celle de la femme. Quel est, sous le même rapport, le sort des enfants nés d'eux entre 1879 et 1889 ?

Il arriverait que l'enfant resterait sans patrie d'origine.

Il ne serait pas Haïtien puisque la loi haïtienne exige la coexistence de la même qualité chez les deux époux (nés d'un Haïtien et d'une Haïtienne, dit le texte). La France non plus ne le réclamerait pas, car elle n'envisage que la condition du père, lequel, ici, est Haïtien. Voilà donc un enfant *sans nationalité* et nous tombons dans un cas d'*heimathlosat*, situation déplorable au premier chef et dont le législateur a pour devoir d'empêcher la production.

Cette seule conséquence du principe haïtien suffit à le faire condamner.

Il est plus rationnel et plus avantageux, croyons-nous, de nous approprier le principe français en le formulant ainsi :

« **L'enfant né, même à l'étranger, d'un père Haïtien,**
« **est Haïtien.** »

On aura, avec cette rédaction, les avantages de l'ancienne règle, sans en avoir les inconvénients (1).

---

(1) C'est le principe général consacré par l'art. 3 de la Constitution du 9 octobre 1889 qui en étend l'application aux enfants naturels. La Constitution de 1888 avait aussi adopté ce principe. — Nous croyons devoir reproduire ici le texte entier de l'article assez complexe.

Art. 3. — « Sont Haïtiens :

Il ne nous est guère possible de signaler, en ce seul article, tous les points défectueux de notre législation, en matière de nationalité. Nous avons produit ici ces quelques rapides indications moins dans l'intention d'élucider complétement les questions sou-

---

« 1° *Tout individu né en Haïti ou ailleurs de père Haïtien;*
« 2° *Tout individu né également en Haïti ou ailleurs de* « *mère Haïtienne, sans être reconnu par son père ;*
« 3° *Tout individu né en Haïti, de père étranger, ou, s'il* « *n'est pas reconnu par son père, de mère étrangère, pourvu* « *qu'il descende de la race africaine ;*
« 4° *Tous ceux qui, jusqu'à ce jour, ont été reconnus comme* « *Haïtiens.* »

On voit que notre loi s'attache d'abord, en règle générale, pour la détermination de la nationalité, à la filiation soit paternelle (pour l'enfant légitime), soit maternelle (pour l'enfant naturel non reconnu par le père), sans tenir compte du lieu de naissance;

Qu'en ce qui concerne une catégorie d'enfants, ceux qui, soit du côté paternel soit du côté maternel, descendent des Africains, elle tient compte du lieu de naissance : ces enfants sont Haïtiens s'ils prennent naissance en Haïti, alors même que le père (pour l'enfant légitime) ou la mère (pour l'enfant naturel non reconnu du père) serait de nationalité étrangère. Ici la loi fait un retour vers le système du *jus soli*. Elle s'inspire, dans ses distinctions, de considérations ethniques, non fondées en raison, mais qui sont en accord avec la tradition historique. En troisième lieu l'article admet la *possession d'état*, comme justification de la qualité d'Haïtien.

Ce n'est pas le lieu de longuement insister sur les con-

***

levées que pour montrer au législateur haïtien l'importance qu'il y doit attacher et le soin que réclame, de sa part, la rédaction et l'agencement des dispositions de notre droit positif qui s'y rapportent.

---

séquences de cette application restreinte (restreinte quant aux personnes) du *jus soli*, sur les conflits de lois qui en peuvent naître. Seulement quelques exemples : ainsi tout enfant né en Haïti d'un père Martiniquais ou Guadeloupéen, c'est-à-dire Français, ou Anglais (de Kingston) ou Américain, etc., si ce père est noir ou mulâtre, ou si, à un degré quelconque, il a du sang noir dans les veines, est réclamé comme Haïtien par l'Etat haïtien. Si ce père est de race blanche et que sa femme descende de la race africaine, si Français, Anglais, Américain, etc., il a épousé une Haïtienne ou Française, Anglaise, Américaine de couleur, l'enfant sera également Haïtien s'il vient à voir le jour sous le ciel d'Haïti. Et cela, même quand l'accouchement de la mère aurait eu lieu pendant un simple voyage de celle-ci. Point n'est besoin d'un long séjour des parents dans le pays. Mais cet enfant ne sera pas abandonné par le pays auquel appartient son père, qui le réclamera également pour sujet. De là deux prétentions contraires en présence et en lutte. La France ou l'Angleterre disant : Cet enfant m'appartient comme national. Haïti de son côté présentant l'art. 3 de la Constitution et déclarant : il est bien à moi ; voyez ce texte, il est formel. — Conflit désagréable qu'il eût été sage de prévoir, afin de chercher sinon à l'éviter complétement du moins à en faciliter la solution par certains tempéraments. Ainsi un droit d'option réservé à l'enfant devenu majeur et capable de fixer volontairement sa condition, la faculté de décliner sa qualité d'Haïtien moyennant certaines conditions et formalités, etc., eussent

Les enlever de la Constitution d'abord (1), les soumettre ensuite à un examen minutieux, à une étude consciencieuse, puis leur attribuer leur véritable place soit dans le Code civil, soit dans une loi spéciale non incorporée au Code civil, tel est le résultat auquel nous visons. Au surplus, ayant eu à

---

peut-être été d'un certain secours. Mais la règle de notre article est absolue et ne comporte pas ces tempéraments.

Dans tous les cas de mariage entre étrangers (au moins ceux dont la législation s'attache au *jus sanguinis*) et Haïtiennes ; entre Haïtiens quand le mari s'est fait naturaliser étranger *post matrimonio*, la difficulté sera le même. Si ces personnes habitent Haïti et qu'il leur vient des enfants sur cette terre, ces enfants seront Haïtiens bien qu'ils puissent, par suite de la nationalité de leur père, relever d'un Etat étranger. — Cette courte note donne une idée de l'importance et du vif intérêt que présentent ces questions. Je me propose d'en faire ailleurs un examen un peu détaillé. (Octobre 1892).

(1) On a pu constater les profondes modifications apportées à la législation antérieure par les art. 3 et 4 de la Constitution de 1889. Eh bien ! il n'en est pas soufflé mot dans l'*Adresse au peuple* qui accompagne cette Constitution et où l'Assemblée constituante résume et indique au peuple les « améliorations essentielles *écrites* dans la nouvelle charte. » N'a-t-elle pas considéré les importantes dispositions des art. 3 et 4 comme des améliorations ? Ce serait lui faire injure que de le penser. Elle a pu se tromper en restaurant, sans y apporter aucune atténuation, le principe du *jus soli*, mais en son for intérieur elle a cru cette restau-

notre chaire de « l'Ecole libre de droit », occasion d'étudier quelque peu ces matières dans leur détail, nous nous hasardons à publier dans ce journal, malgré l'ennui qu'en peut éprouver le lecteur, quelques fragments des leçons que nous y avons consacrées. Peut-être les recherches consignées dans ces leçons seront-elles de quelque utilité à nos constituants ?

(*L'Union*, n° du 8 décembre 1888).

---

ration utile et opportune. Son silence sur ces deux articles peut s'expliquer par la préoccupation de mettre surtout en relief les parties de l'œuvre relatives au droit public, les plus importantes, ou semblant telles, au lendemain d'une grande tourmente politique. Mais ne saisit-on pas que si ces dispositions avaient fait l'objet d'une loi spéciale, l'attention se serait portée sur elles d'une façon toute particulière, qu'on en eût peut-être mieux étudié les particularités d'application et mesuré la portée, et que l'Assemblée elle-même les eût soumises à un examen plus minutieux, à une discussion plus approfondie, au lieu de les tenir pour choses de second plan, les plaçant, pour ainsi dire, dans l'ombre des parties hautes de l'édifice constitutionnel, si bien que, pour beaucoup, elles ont pu y rester inaperçues. Cette remarque, si on en admet la justesse, renferme l'argumentation faite pour engager nos pouvoirs publics à enlever le caractère de *dispositions constitutionnelles* aux règles, ou à une partie des règles sur la nationalité.

(Octobre 1892).

LA LIBERTÉ INDIVIDUELLE.

Après l'énumération des droits constitutifs de l'ordre politique et social inauguré par la Révolution française, l'art. 7 de la « Déclaration des droits de l'homme et du citoyen » promulguée en 1793 s'exprime ainsi, *in fine : « La nécessité d'énoncer ces « droits suppose ou la présence ou le souvenir récent « du despotisme. »*

Cette remarque dénote chez les législateurs de la grande Convention une parfaite connaissance des effets dépressifs du despotisme, de son influence dissolvante sur le corps social.

Un peuple qui s'asservit à un homme, qui pendant des années s'est tenu, devant cet homme, dans un prosternement humiliant, perd nécessairement la notion de ses droits. Il en arrive à les considérer, même après avoir repris une attitude plus digne, comme des avantages abstraits dont il n'y a pas à tirer un bénéfice pratique pouvant contribuer au bonheur commun.

Il est donc utile, au lendemain de la chute d'un régime oppresseur, de rappeler ces droits aux citoyens, de leur en montrer la valeur et l'étendue, non pas d'une façon vague, générale, mais par des indications précises et détaillées. Il leur faut mettre en l'esprit que ces libertés reconquises sur la tyrannie, ils doivent en faire usage, les invoquer en toute circonstance, s'en armer pour la lutte politique, s'en aider pour imprimer aux affaires la direction favorable à leurs vrais intérêts.

C'est pourquoi nous entreprenons d'examiner successivement ici, dans leur ordre de déduction naturelle, chacun des droits publics et politiques, les mettant en relief, indiquant dans quelle mesure ils sont garantis par nos institutions.

Le premier et le plus important de tous, celui sur qui repose principalement toute organisation démocratique, c'est la *liberté individuelle*.

Ce droit reçut sa plus éclatante consécration législative dans la fameuse déclaration rendue par la Constituante française en 1789, déclaration qui a fait dire de la grande assemblée : « qu'elle avait retrouvé les titres de noblesse de la nation française. »

*
* *

L'homme est une force vivante, complète, éclairée par l'intelligence, dirigée par la conscience.

Les hommes ont besoin de vivre ensemble, sous la condition de l'ordre social. Il y a là une nécessité naturelle, une loi même des êtres.

Mais, vivant avec d'autres, chaque individu doit

avoir la latitude de se développer suivant ses facultés et être, en même temps, tenu de respecter les autres personnes dans leur liberté morale, intellectuelle, physique.

La personne humaine, apparaissant comme but de notre activité et de nos sentiments, constitue donc le fondement et la raison d'être de la liberté.

La société est établie pour elle, en vue de son intérêt, et c'est vers son bonheur, son perfectionnement que doivent converger les tendances, les efforts de ceux qui dirigent un groupe d'hommes.

En démoralisant ses concitoyens, en leur enlevant la foi, le courage, la dignité ; en étouffant chez eux les aspirations élevées et généreuses, Salomon a manqué à la mission principale de l'homme d'Etat.

Et quiconque, élevé à la présidence d'Haïti, adoptera les mêmes procédés de gouvernement, aboutira certainement aux mêmes résultats désastreux.

Le souci des intérêts collectifs, l'abandon des soins égoïstes, tels sont les signes indicateurs de la bonne voie. Mais un gouvernement n'est pas seul chargé de faire aller tous les rouages d'une société organisée. A côté de l'action gouvernementale bien souvent comparée, on le sait, à celle du cerveau dans l'organisme humain, il y a aussi l'action des particuliers, se mouvant dans la sphère de l'initiative privée.

Pour que cette force puisse efficacement coopérer

à la réalisation du bien public, il importe que l'individu ait, intimement liée au *droit* qu'il a de *vivre*, la faculté de disposer de sa personne morale et physique, de faire tous les actes propres à atteindre les fins qu'il se propose, sous la condition, bien entendu, de ne pas attenter aux droits des autres, de respecter les prérogatives de l'État.

Cette faculté correspond à la *liberté individuelle* qu'on a, d'une manière incomplète, définie : *la liberté d'aller et de venir*. Il faudrait ajouter : de *croire*, de *penser* et d'*agir*.

L'homme doit être maître de ses actions, de ses croyances et de ses convictions auxquelles, quand elles sont sincères, il est prêt à sacrifier ses biens, sa vie même. Mais il lui faut de plus le *pouvoir* d'agir suivant ses convictions et c'est en quoi consiste la vraie liberté humaine. C'est la sanction pratique de la liberté de conscience et de la liberté de pensée.

A quoi servirait à un citoyen haïtien par exemple, de penser que l'application des principes de liberté consacrés par la loi est chose désirable par dessus tout ; que le vol des deniers publics ruine les intérêts généraux, entrave la marche de la civilisation matérielle et même morale en Haïti, contribue à la corruption des nouvelles générations qui, voyant pratiquer journellement la concussion, en viennent à penser, par un renversement du sens moral, que le seul but souhaitable pour elles, c'est de chasser un jour, pour se mettre à leur place, ceux qui occupent des fonctions administratives, sans songer qu'on leur pourrait justement appliquer les vers de Ponsard :

Quelques-uns ne voulaient que la place des autres,
Et tiennent que chacun doit être satisfait
Quand ce sont eux qui font ce que d'autres ont fait?

A quoi servirait-il de croire que le peuple haïtien, sous l'action bienfaisante et coordinatrice d'un bon gouvernement, est capable de se discipliner, de recevoir et de garder en son cerveau les idées d'ordre et de régularité; qu'il n'est pas vrai que les Haïtiens soient dans l'impuissance d'établir chez eux une organisation sociale et politique empreinte de stabilité en même temps que susceptible de perfectionnement; que malgré les malheurs, récents et passés, il n'est pas dit que tout soit perdu et qu'il faille définitivement abandonner le pays au courant qui s'est établi sous le régime déchu, sans essayer d'en opérer le sauvetage?

A quoi donc serviraient, nous le demandons, toutes ces pensées, toutes ces idées, toutes ces espérances réconfortantes, s'il fallait les laisser dans les replis de l'âme et du cerveau, sans essayer de les rendre *opérantes*, si l'on n'avait la liberté d'agir, dans le sens du relèvement national, par les moyens laissés, dans les pays libres, aux serviteurs dévoués de la patrie : la *presse*, les *réunions publiques*, la *propagande parlée*, les *allées et venues*, d'un point à un autre, etc., l'*organisation*, en un mot, d'une vaste *agitation patriotique?*

C'est à garantir la possibilité de l'action individuelle que tend la législation quand, dans la loi fondamentale (*Constitution* de 1879) elle dit :

Art. 16. — *La liberté individuelle est garantie.*

Art. 25. — *Chacun a le droit d'exprimer ses opinions en toutes matières, d'écrire, d'imprimer et de publier ses pensées;*

Les écrits ne peuvent être soumis à aucune censure préalable.

Art. 26. — *Tous les cultes sont libres.*

Art. 32. — *Les Haïtiens ont le droit de s'assembler paisiblement et sans armes*, etc.....

Art. 33. — *Les Haïtiens ont le droit de s'associer...*

. . . .

Ces dispositions de notre droit public sont en concordance avec les principes établis dans la déclaration plus haut rappelée des « droits de l'homme et du citoyen » adoptée par la Constituante française le 26 août 1789 (art. 7, 10, 11) et reproduits dans l'acte de même nature rendu par la Convention nationale en 1793 (art. 6, 7, 9, etc.), principes qui aujourd'hui forment, comme on l'a dit, le droit commun des nations libres (1).

Il ressort de cet aperçu que la liberté individuelle, sous ses aspects divers, a reçu de nos législateurs une large protection. A ce point de vue, nos constitutions républicaines ne le cèdent pas à celles d'autres pays très avancés en démocratie.

Mais par malheur — et voici où éclate la différence avec quelques-uns de ces pays étrangers — les libertés, ainsi adoptées et formulées dans des textes de loi, n'existent pas dans les mœurs, dans les habitudes de vie de la majeure partie de la population, trop peu éclairée, trop indifférente à la chose publique pour tenir beaucoup aux avantages civiques que la législation lui confère. C'est ce qui rend leur abolition de fait, leur confiscation si facile pour les despotes qui, périodiquement, s'emparent du pouvoir à la faveur soit d'un coup de main, soit d'une surprise du sentiment populaire.

La tâche à réaliser consistera donc à faire l'éducation politique du peuple par l'infusion continue, graduée en son esprit, des idées de liberté (2).

---

(1) Inutile de dire qu'ils se retrouvent dans notre nouvelle Constitution de 1889 : Art. 14, 21, 22, 26, 27......

(2) Un peuple qui aime réellement bien ses libertés et y est fortement attaché, c'est le peuple anglais. Il en a

Il importe, en outre, de donner à ce peuple le sentiment de la *légalité*, le respect de la décision

---

besoin comme du pain et de la viande dont il se nourrit. Aussi a-t-il le droit de recourir à la justice pour en obtenir le respect, même de la part du pouvoir législatif. Le peuple américain tient, sur ce point, comme sur beaucoup d'autres, du peuple anglais. Le pouvoir judiciaire a le droit, aux Etats-Unis, de redresser les écarts de la loi quand elle porte atteinte aux droits garantis par la Constitution et il *use de ce droit*.

Dans le droit anglais et dans le droit américain qui en dérive, ces libertés sont vieilles et bien enracinées dans les mœurs publiques et les habitudes sociales. Elles n'ont pas été octroyées par une Charte ou une Constitution mais sont nées spontanément des nécessités et besoins de l'existence nationale, en même temps que se formait le peuple lui-même. Les chartes, les constitutions n'ont fait que les constater, les recueillir et leur donner une consécration plus solennelle, plus éclatante si l'on veut, mais non plus solide que celle qui, pour elles, résultait de la tradition, d'une pratique séculaire. Sans compter que dans ces pays l'instruction, la culture de l'homme a marché de pair avec le développement des institutions politiques, du droit public.

En France l'évolution politique, le développement du droit (du droit public bien entendu) a suivi l'ordre inverse. Le législateur est parti des principes théoriques, abstraits, fondés en raison, dégagés par une philosophie largement humaine, et en a mis l'expression dans la loi. Mais il faldu législateur déposée dans une formule juridique.

Etant donné ce but, on comprendra aisément que

---

lait faire pénétrer ces principes dans l'esprit et le cœur des populations, dans les mœurs publiques du peuple français. Ça été l'œuvre — encore inachevée peut-être — de tout un siècle. On y est arrivé surtout par la diffusion de l'instruction et la propagation des doctrines républicaines, avec la presse pour véhicule. Mais, même de nos jours, peut-on affirmer que le Français fasse de l'exercice de ses droits publics et politiques une affaire d'aussi grosse importance que l'Anglais. Cela est-il pour lui, comme pour ce dernier, chose essentielle, indispensable, sans laquelle l'existence n'est pas possible, comme le boire et le manger? Pour ma part, je n'oserais l'affirmer.

Et si nous considérons l'Haïtien, combien plus nous serons loin de compte! On lui a accordé des droits d'une valeur inappréciable sans se donner la peine de lui en faire comprendre l'importance. On a mis à sa portée un joyau du plus haut prix : mais il le dédaigne et le regarde à peine, ne sachant pas à quoi cela peut servir. C'est qu'on a jusqu'ici complètement négligé sa *culture*. On a perfectionné la législation sans songer à améliorer l'individu, le citoyen, oubliant que, incomprises et forcément inappliquées, les plus belles formules légales restent lettre-morte. Cette vérité commence à se faire jour, à s'imposer, à ne pas souffrir qu'on détourne d'elle les yeux. La masse populaire est là dont les enfants ont besoin d'instruction, de rayons de lumière qui éclairent leur âme et leur intelligence. Il n'est plus permis de la tenir pour quantité négli-

c'est plutôt du cô'é des citoyens que nos hommes politiques, nos administrateurs devront principale-

---

geable quand il s'agit de ses intérêts les plus clairs et les plus chers, sauf à se réclamer d'elle, à la pousser en avant, produisant des réclamations et des revendications en son nom, quand il s'agit de faire gravir à son ambition personnelle quelques échelons de l'échelle politique. Il lui faut des améliorations à son sort, non pas en phrases et sur le papier, mais en réalité. Et la première de ces améliorations, la plus importante, dont le bénéfice rejaillira sur le pays tout entier, consistera à combattre chez elle l'ignorance si commodément installée, à la chasser par des flots d'instruction abondamment répandus. C'est le devoir et aussi c'est l'honneur de tous ceux qui sont en haut, de tous ceux qui, à un titre quelconque, font partie de ce qu'on appelle « les classes dirigeantes » de pousser, de travailler, de prendre part à la réalisation de ce progrès. — Je terminais dernièrement la conférence que j'ai faite à la cérémonie d'inauguration de la *Société de législation*, par la constatation de ce devoir déjà indiqué et proclamé dans l'article ci-dessus. « L'homme, « disais-je, tel est donc le premier objet du droit. C'est « pour lui que la société est constituée et c'est à son bonheur « qu'elle doit tendre. D'où la nécessité de perfectionner « l'individu, cette unité sociale, afin d'amener un perfec- « tionnement correspondant des choses et, par suite, de « l'état social lui-même. Ce sera là, Mesdames et Messieurs, « la conclusion pratique de cette conférence : élever l'indi- « vidu, l'améliorer sans cesse, faire descendre dans les « couches les plus profondes du peuple les bienfaits de

ment porter leur attention que du côté de la législation qui, elle, est en harmonie, dans ses *grandes lignes* du moins, avec les données de la science juridique.

Travaillons tous à inculquer à l'Haïtien l'amour de la liberté individuelle, c'est-à-dire l'amour de sa dignité personnelle.

(L'*Union* du 7 septembre 1888).

« l'instruction et de l'éducation morale et civique, c'est là « une tâche souverainement patriotique et qui s'impose à « la conscience de tout Etat soucieux de faire régner l'égalité parmi ses citoyens et sincèrement attaché aux principes de fraternité et de solidarité qui se trouvent à la base « de toute vraie démocratie. » (Octobre 1892).

CONSIDÉRATIONS SUR LA LIQUIDATION D'UNE MAISON DE COMMERCE FAITE PAR DÉCISION DE JUSTICE.

Notre collègue, Me J. L. Dominique, a déjà signalé au public dans le premier numéro de cette *Revue* (1) l'intelligente initiative prise par les tribunaux civil et de commerce de Port-au-Prince en présence de la crise que traverse le commerce de cette ville. Il nous a montré la justice, devançant le législateur, faisant, dans une situation exceptionnelle l'application d'un moyen de solution que la loi positive du pays ne lui a pas encore fourni, corrigeant cette loi, l'amendant dans le sens de l'équité et de la justice, de la même façon que le préteur romain corrigeait le vieux droit quiritaire si dur et si intraitable sur beaucoup de points.

Les tribunaux civil et de commerce ont en effet, dans des cas où légalement la faillite s'imposait, substitué au régime rigoureux, compliqué et si coûteux de la loi nº 3 du Code de commerce, un régime beaucoup plus doux, plus équitable et mieux en rapport avec les nécessités du moment : celui de la *liquidation* DITE *judiciaire*.

---

(1) La *Revue de législation* du 2 juillet 1892.

Cette hardie et si utile résolution prise par nos magistrats d'introduire et d'implanter chez nous une institution qui a déjà reçu ailleurs la consécration législative, a obtenu l'approbation et l'unanime adhésion, croyons-nous, des hommes d'affaires, des commerçants et des juristes.

Nos législateurs n'auront qu'à les suivre sur ce terrain et devront s'appliquer à transformer en loi écrite un usage qui donne satisfaction à un besoin social bien accusé et bien évident.

Mais, en attendant cette désirable intervention du législateur venant réglementer l'institution naissante, en bien déterminer la nature et en préciser les effets et les suites, il n'est pas inutile, pensons-nous, d'essayer d'établir le caractère juridique de la liquidation d'une maison de commerce faite dans les conditions admises par notre justice consulaire et de mettre en relief quelques-unes des conséquences nécessaires ou possibles de la mesure.

I.

Les conditions d'admission de la liquidation par décision de justice sont à peu près les suivantes :

1° Une demande énoncée de la majeure partie des créanciers, en nombre et en chiffres, tendant à la mise en liquidation de la maison débitrice que la mauvaise fortune empêche de continuer ses paiements (1).

2° La réalisation de cette liquidation avec l'aide et l'assistance d'un *liquidateur* nommé par les créanciers et sous le contrôle d'un *juge-délégué* (ou commissaire) désigné par le tribunal.

3° La mise sur le même pied de tous les créanciers chirographaires comme en matière de faillite, la distribution entre eux, au *prorata* de leurs créances respectives, des valeurs provenant de la vente des marchandises ou du recouvrement des dettes, composant l'actif du débiteur.

C'est en général dans ces limites que s'enferme l'autorité du tribunal. Il s'abstient de déterminer et de fixer, si ce n'est d'une façon très générale et un peu vague, les pouvoirs du *liquidateur;* — d'indiquer avec quelque exactitude la situation du débiteur

---

(1) La demande pourrait également émaner du débiteur lui-même, soucieux de faire constater sa bonne foi et de ne pas laisser s'aggraver, au détriment de ses créanciers, l'état de ses affaires. En France, d'après la loi du 4 mars 1889, il n'y a que lui-même qui puisse présenter la requête au tribunal. Il ne semble pas au reste qu'il y ait unité de vues et de doctrine dans les jugements jusqu'ici rendus. Leurs dispositifs ne sont pas toujours les mêmes.

mis en liquidation ; — de dire quels sont ses droits et dans quelle mesure, la liquidation faite, il restera lié envers les créanciers, et si ceux-ci, nonobstant cette liquidation, pourraient encore user de la faculté de requérir la mise en faillite : tous points d'une importance considérable, qui appellent l'examen et la clarté et qui, laissés dans le vague et l'indécision, seraient de nature à préjudicier aux intérêts engagés.

*
* *

Dégageons tout d'abord le principe qui nous doit servir de guide dans l'étude rapide de quelques-unes de ces questions.

La liquidation réglée et organisée par le tribunal de commerce, suivant les conditions sus-indiquées, telle qu'elle se pratique à Port-au-Prince, n'est pas une institution légale. C'est, nous l'avons déjà constaté, un usage qui s'introduit sous l'empire de la nécessité, provoqué et justifié par les circonstances, les besoins du commerce et le sentiment de la justice, à la satisfaction desquels ne suffit pas notre loi sur la faillite avec ses lacunes, ses imperfections et ses inutiles rigueurs, pesant indistinctement sur le commerçant négligent ou coupable comme sur le commerçant honnête et actif, mais malheureux, victime de circonstances sur lesquelles sa volonté et son énergie n'ont pu avoir de prise.

A voir donc les choses dans leur réalité et au point de vue du droit, cette liquidation est plutôt *conventionnelle* que judiciaire. Elle résulte ou *doit* résulter de conventions entre le débiteur et ses créanciers, prises devant la justice et consacrées pour ainsi dire par elles. Elle puise sa force dans ce contrat judiciaire et non dans la loi encore muette à cet égard (1).

La justice intervient pour assister les intéressés (le débiteur comme les créanciers), leur donner acte de leurs dires et déclarations respectifs, et prendre les précautions voulues pour que les intérêts en jeu soient également sauvegardés.

Ce qui sert de fondement au système, en l'absence d'une organisation légale, c'est la volonté des parties intéressées, leur libre consentement. D'où pour le débiteur le droit d'être entendu, consulté sur tou-

(1) Peut-être pourrait-on lui assigner un caractère mixte, mi-partie conventionnel et mi-partie judiciaire. Car il faut bien accepter, à moins de renverser complétement le système, que la décision du tribunal prise conformément au vœu de la majorité des créanciers, lie les autres créanciers. Autrement il n'y aurait aucune sécurité pour le débiteur, toujours exposé à être mis en faillite par les créanciers formant la minorité opposante ou seulement abstentionniste.

tes choses, ayant intérêt à ce que rien ne se passe sans sa participation.

La liquidation n'a pas pour conséquence légale, comme la faillite, de le dessaisir de la gestion de son patrimoine. Son dessaisissement ne peut résulter que de sa volonté, et on ne peut aller contre cette volonté, se passer de son consentement et le dessaisir malgré lui. La loi seule le pourrait et nous savons qu'elle ne s'est pas encore occupée de la réglementation de cette matière (1).

Le débiteur ne disparaît donc pas de ses affaires. Il continue de s'en occuper, gérant son commerce, à côté du liquidateur qui l'assiste, concourt avec lui aux actes nécessaires et agit dans l'intérêt des créanciers dont il est l'agent. Jamais ce liquidateur ne doit écarter le débiteur et substituer son initiative à la sienne. Son rôle pourrait être rapproché du *curateur* donné au mineur émancipé, avec toutefois cette notable différence, que le curateur conseille et assiste le mineur dans l'intérêt propre et exclusif de celui-ci, tandis que le *liquidateur* se trouve placé auprès du débiteur plutôt comme un organe destiné à prendre soin des intérêts des créanciers. Au-des-

---

(1) La loi française de 1889 ne dessaisit pas le commerçant qu'elle fait bénéficier de la liquidation judiciaire.

sus des deux (débiteur et liquidateur) apparait le *juge-commissaire* (ou délégué) armé d'un pouvoir de surveillance et de contrôle et du droit d'autoriser certains actes pour lesquels la seule assistance du liquidateur ne suffirait pas. Telles sont bien, nous semble-t-il, la signification et la nature de chacun des rouages qui interviennent dans l'organisation du personnel de la liquidation.

Ces considérations nous conduisent à cette conclusion, que nous croyons motivée : que le tribunal de commerce, en ordonnant, ou mieux en admettant la liquidation des affaires d'un commerçant, écartant l'application des règles de la faillite, ne peut, *sans l'acquiescement du débiteur*, attribuer, soit *proprio motu*, soit sur la demande des créanciers, des pouvoirs tels au liquidateur qu'il en puisse résulter le dessaisissement *de fait* du débiteur.

A fortiori ne le peuvent pas les créanciers tout seuls, agissant sans entente préalable avec le débiteur.

Le jugement peut bien leur laisser le choix du liquidateur qui, somme toute, est leur agent ; mais quant à la détermination et à la fixation des pouvoirs de ce liquidateur, elles doivent être faites de manière à rester en conformité avec l'esprit de la nouvelle institution, sa nature propre et les raisons qui en ont amené l'adoption. Il ne saurait être permis aux créanciers, de leur seule autorité, d'annuler, en réduisant son action à presque rien, la personnalité commerciale du débiteur. Il est toujours debout, à la tête de sa maison qu'il protège encore et défend, malgré la fortune adverse. Le mauvais sort l'a vaincu, mais il n'a pas *failli*.

II.

Quelle est la situation du débiteur dans le présent et quelle sera-t-elle dans l'avenir, la liquidation une fois faite ?

Sa capacité ordinaire, cela va de soi, se trouve gravement atteinte et modifiée par le jugement de liquidation. Il n'a plus cette pleine capacité que possède l'homme majeur en possession de tous ses droits. D'autre part, il ne se trouve pas non plus sous le coup de la déchéance absolue, de l'incapacité totale résultant de la faillite. Il est dans un état intermédiaire entre ces deux situations extrêmes. Son activité commerciale ne peut plus s'exercer que dans des limites nécessairement resserrées.

Réaliser son actif le plus vite possible et, pour cela, faire la vente des marchandises en magasin, recevoir les paiements, exercer les poursuites utiles contre les débiteurs négligents ou de mauvaise foi, centraliser les produits des ventes et des recouvrements dans une maison désignée (c'est ordinairement la Banque nationale) pour le partage au *prorata*, tout cela avec l'assistance du liquidateur ; tels sont à peu près et brièvement énumérés les actes que le débiteur a le droit d'accomplir. Les transactions, les actes de désistement, de renonciation, d'acquiescement exigeraient en outre le recours au juge-commissaire. Quant aux achats de marchandises, il n'est plus possible d'en effectuer, sauf, si le cas y échet, quelques achats d'assortiment pour faciliter l'écoulement du stock. D'une façon générale le débiteur ne peut, commercialement, contracter de nouveaux engagements, augmenter son passif. Il parait toujours à la tête de ses affaires mais il n'est plus *dans les affaires*. Ses opérations sont suspendues ; il y a un temps d'arrêt dans l'emploi de son activité. Il lui est interdit pendant la liquidation, de faire tourner cette activité à son avantage, de nouer de nouvelles relations d'affaires, essayant de reconstruire, à son profit et à celui des siens, la situation perdue. Il lui faut attendre pour cela la fin de la liquidation, nécessité de nature à paralyser son énergie et son travail pendant un assez long espace de temps.

En attendant, pour vivre et subvenir à l'entretien de sa famille, il n'aura que la maigre indemnité qui lui est accordée à titre de secours.

Peut-il échapper à cette situation, assez désavantageuse comme on le voit, par un dessaisissement volontaire, emportant l'abandon de son actif aux créanciers?

Certes, mais encore faut-il que ceux-ci y consentent. — Sinon, force sera bien au malheureux débiteur de consacrer son temps et son travail, sans espoir de relèvement prochain, à une liquidation souvent longue et pénible.

Notons ici que sa situation, à cet égard, est moins favorable que celle du failli, quand la faillite a été la conséquence de circonstances malheureuses, que l'état des affaires du failli n'est pas des plus mauvais et que les créanciers ont confiance dans l'intelligence, la probité et l'habileté de leur débiteur. Celui-ci en pareil cas, quoique en faillite, peut, à assez bref délai, obtenir un concordat par l'effet duquel, rétabli dans la direction exclusive de ses affaires, il aura la faculté d'user de son énergie pour les relever et les remettre en situation florissante. Il n'aura pas eu à subir cette perte de temps obligatoire et désastreuse pour le commerçant en liquidation non admis par les créanciers à se libérer par l'abandon de son actif (1).

(1) D'après le mécanisme de la loi de 1889 (en France) il

*
* *

Mais la liquidation effectuée, l'actif réalisé et réparti entre les créanciers, le débiteur se trouve-t-il, *ipso facto*, libéré, alors même que les créanciers n'auraient pas obtenu pleine et entière satisfaction ; en d'autres termes ceux-ci conservent-ils leur action contre le débiteur pour obtenir paiement de l'excé-

---

intervient assez promptement une solution qui fixe le débiteur sur son sort. La liquidation une fois déclarée, la loi prescrit certaines opérations qui amènent assez promptement à l'établissement de la situation exacte (active et passive) du débiteur. A ce moment les créanciers, réunis en assemblée générale, statuent sur la solution à adopter. Il peut s'en présenter quatre : 1° Le *concordat simple*, traité par lequel remise est faite au *liquidé* d'une partie de ses dettes et des délais de paiement lui sont accordés. Il reprend la libre direction de ses affaires et sa gestion est dégagée de toute entrave ; 2° Le *concordat par abandon d'actif*. Il est complètement écarté de ses affaires, mais il se trouve *ipso facto* complètement libéré, alors même que l'actif abandonné est inférieur au passif. La liquidation se poursuit par d'autres et il jouit de la faculté d'entreprendre de nouvelles affaires ; 3° La *clôture par insuffisance d'actif*, qui constitue moins une solution qu'une impasse ; 4° La *transformation de la liquidation en faillite*. Cette dernière solution est votée quand les constatations faites montrent le

dent du passif sur l'actif et peuvent-ils aller jusqu'à le mettre en faillite?

Assurément, si l'on se laisse guider par l'esprit qui a présidé à l'innovation de la justice, si l'on veut se bien rendre compte de son intention, pénétrer au fond du sentiment dont elle s'est inspirée, il paraîtra excessif et contraire à la logique d'admettre une solution autre de la question posée que celle adoptée en matière de faillite dans l'hypothèse d'un concordat par abandon d'actif, d'où découle la libération du débiteur (1).

En effet, celui-ci se serait-il soumis à ce régime de la liquidation, moins rigoureux assurément que la faillite, mais qui ne laisse pas encore de créer autour de lui un réseau de gênes, d'ennuis et d'inconvénients très sérieux, s'il ne pouvait compter sur une compensation suffisante? Et cette juste compensation

---

débiteur sous un jour peu favorable. Mais on voit que dans les deux premiers cas il est, sans grande perte de temps, ou bien rétabli dans son commerce avec pleine liberté d'action, ou bien complètement libéré. La loi anglaise sur la faillite peut aussi fournir d'utiles points de comparaison.

(1) Notre Code de commerce ne vise pas le concordat par abandon d'actif. Mais une pareille convention reste possible d'après le droit commun, n'ayant rien de contraire à l'ordre public ni aux bonnes mœurs.

quelle peut-elle être, sinon la remise à lui faite par les créanciers de la fraction de leurs créances respectives restée impayée après la réalisation et la répartition de l'actif? Le bon sens et la raison indépendamment de la justice, complétement d'accord avec eux, suffisent à indiquer et à recommander une pareille solution.

Seulement si cette solution est conforme à la logique, l'est-elle à l'état actuel des choses? Résulte-t-elle de la nature et de la pratique de la liquidation *dite judiciaire* à Port-au-Prince? Nous ne le pensons pas.

Le système, avons-nous dit, a pour base la convention des parties. En dehors d'un accord entre elles sur le point en débat, les créanciers restent investis, après la liquidation et en ce qui concerne le reliquat passif du compte de liquidation, des mêmes droits qu'ils auraient si cette liquidation n'avait pas eu lieu. Sur quoi s'appuyer en effet pour leur dire : Vos droits de poursuite sont éteints, vous n'avez plus aucune prise soit sur la personne, soit sur les biens nouveaux du débiteur. Il est libre envers vous et cette libération est la conséquence forcée de la liquidation de ses affaires faite dans les conditions de garantie et de protection de vos droits que la justice a admises !

Ils pourraient avec raison protester contre une pareille argumentation que la loi n'autorise pas.

Leur volonté seule, dans le silence de la loi, eût pu dégager le débiteur et cette volonté ne s'est pas exprimée à cet égard.

Se livrera-t-on à une recherche d'intention, toujours pleine d'incertitude pour arriver à établir une manifestation tacite de volonté dans le sens de la libération ? Un tel moyen de défense aurait, nous en avons bien peur, peu de chances de succès. Tout au plus pourrait-il valoir contre une requête des créanciers tendant à la mise en faillite du débiteur, après liquidation. En recourant à la *liquidation*, s'écrierait le débiteur, moyen extra-légal, au lieu de vous servir de l'instrument régulier que la loi vous fournissait, la *faillite*, vous avez tacitement renoncé pour l'avenir au droit de requérir la mise en faillite. Pareil raisonnement serait parfaitement admissible, et le tribunal qui l'accueillerait resterait dans les limites de la loi positive, tout en étant équitable (1).

On voit donc que, en acquiesçant à une demande de

---

(1) Mais ce raisonnement pourrait-il être tenu dans le cas où la liquidation aurait été provoquée par une requête du débiteur lui-même et serait-il opposable aux créanciers non adhérents, à ceux qui n'ont pas concouru à la formation du contrat judiciaire ? Avouons qu'on aurait assez beau jeu à le repousser.

liquidation faite en justice par ses créanciers, la prudence la plus élémentaire commande au débiteur de faire des réserves formelles quant aux suites de cette liquidation, réserves qui auront pour effet de provoquer entre lui et les demandeurs une entente sur les conséquences futures de la mesure. L'avenir, en ce qui le concerne, ne restera pas menaçant ou, tout au moins, vague et indéterminé.

Le tribunal de commerce, par ses décisions, admet et consacre le *principe* de la liquidation, par dérogation illégale mais juste à la loi sur la faillite. Cependant les dispositifs de ses décisions ne règlent pas les points de détail et laissent dans l'ombre les effets et les suites de la mesure adoptée. C'est donc aux parties intéressées à compléter sous ce rapport l'œuvre de la justice par des stipulations faites conformément au principe et à l'*esprit* du jugement de liquidation. — Quelques autres difficultés solliciteraient notre attention et notre examen, mais il faut nous borner.

Aussi bien on ne tardera pas, croyons-nous, à avoir sur la matière des données certaines, positives, résultant d'une loi écrite, harmonique, aux vœux et aux désirs du public. Les circonstances imposent à ceux qui sont chargés de pourvoir aux besoins généraux de la société l'impérieux devoir de nous donner cette loi. La liquidation sortira alors du domaine de l'usage (1) impuissant à créer la loi chez nous, pour entrer dans celui de la législation écrite et sera, par là, soustraite à l'arbitraire et aux fluctuations des interprétations individuelles. Nous avons assisté à ce phénomène très caractéristique et très intéressant : le besoin social créant spontanément l'organe propre à sa satisfaction. Quant au perfectionnement de cet organe, à la régularisation de son fonctionnement, cela regarde le législateur qui, espérons-le, répondra pleinement à l'attente de l'opinion publique.

(1) Un usage pourrait à la rigueur avoir force de loi dans le cas où il ne serait pas contraire à la loi existante, encore lui faudrait-il la consécration du temps. Mais si cet usage, et tel est le cas, se forme contrairement à une loi existante, il tombe sous le coup de l'art. 3 du Code civil : « Aucune loi ne peut être abrogée ni suspendue que par une autre loi. »

TROISIÈME PARTIE.

SOUVENIRS DE PARIS.

Alexandre Pétion. — Léon Chapron et les Haïtiens. — Haïti et Léo Quesnel. — L' « Evénement. »

Dans les derniers jours de décembre 1881 Léon Chapron, le brillant chroniqueur de l'*Événement*, fit paraître une chronique où il était question d'Haïti et des Haïtiens. Il avait été amené à négliger un instant le mouvement parisien par un de nos amis qui lui avait parlé de l'existence à *Jacmel* de quelques descendants de Camille Desmoulins. Desmoulins est assurément un *sujet* très parisien et le spirituel chroniqueur ne courait pas grand risque d'être désavoué de ses lecteurs du boulevard pour s'être occupé, une minute, du pays où vivaient encore ses arrière-petits-fils. A ce propos, Chapron révéla au public les relations qu'il avait eues, étant au collège, avec quelques jeunes Haïtiens dont le souvenir lui était resté cher. Il cita, entr'autres, les Bazelais, les Villevaleix, les Faubert. J'avais fini, dit-il, par me figurer que j'étais moi-même Haïtien, natif de Port-au-Prince dont je connaissais les moindres ruelles. Seulement, au cours de sa causerie, il en vint à reprocher aux Haïtiens leur manie des noms glorieux : Bonaparte, Richelieu, Charlemagne, etc..... Il n'épargna même pas Pétion, notre grand Pétion qui, d'après lui, aurait pris sans façon le nom du conventionnel français, tout en manifestant, du reste, à l'endroit de notre homme d'Etat un vif sentiment d'admiration.

Le journaliste parisien se trompait sur ce point, et un peu blessé de ses railleries, je lui adressai une lettre rectificative à laquelle il fit, je dois le dire, un accueil des plus aimables.

Je reproduis du reste exactement la lettre et la réponse :

A Monsieur LÉON CHAPRON, rédacteur au journal « l'Evénement ».

Monsieur,

Je suis Haïtien et ce n'est pas sans plaisir que j'ai lu votre chronique de ce matin à « l'Evénement ».

Depuis plusieurs années je suis, avec un intérêt toujours croissant, les chroniques que vous publiez, deux fois par semaine, dans ce journal. Vous êtes donc loin d'être pour moi un inconnu et je sais la haute valeur qu'il faut attacher à vos appréciations.

C'est pourquoi, Monsieur, j'avais noté avec un douloureux étonnement quelques lignes que vous aviez insérées, à propos d'Haïti, dans l'un de vos articles. Je ne puis préciser aucune date mais autant qu'il m'en souvienne, il s'agissait d'Eugène de Mirecourt — ce raté de la littérature.

« Eugène de Mirecourt, disiez-vous (je ne garantis pas, « bien entendu, l'exactitude du texte), Eugène de Mire-« court est allé échouer à Haïti où il distribue le pain de « vie à des petits nègres assemblés sous des cocotiers d'où « un bataillon de singes le contemple. »

Pourquoi vous le cacher, cette phrase, en sa forme railleuse et mordante, m'était restée sur le cœur. J'ignorais alors que vous aviez eu des rapports avec des Haïtiens et que votre boutade visait uniquement M. de Mirecourt.

Par l'indépendance de votre caractère et votre esprit dégagé de tout préjugé, vous êtes de ces écrivains, Monsieur, dont un pays jeune comme le nôtre — et qui n'en est encore qu'à la première phase de son évolution — est heureux de posséder l'estime.

Haïti est si peu et surtout si mal connue des chroniqueurs parisiens, qu'un journaliste de talent, M. Henry Fouquier, du « *XIXe Siècle* », l'appelait en un de ses articles « pays semi-barbare ». Je me plais à croire, Monsieur, que les Haïtiens que vous avez connus et dont vous citez les noms avec éloge, ne vous ont pas fait concevoir de leur patrie l'idée qu'en a M. Fouquier.

Ce que vous dites du président Pétion — cette grande figure qui domine toute la galerie des présidents d'Haïti — me touche particulièrement et je vous en remercie pour mon pays et pour mes concitoyens.

Vous me permettrez pourtant d'élucider un point sur lequel je ne tombe pas d'accord avec vous. Notre illustre chef d'État n'avait pas emprunté son nom, comme vous semblez l'indiquer, au conventionnel Pétion. Ce nom lui est venu d'un sobriquet par lequel il était désigné dans un atelier de joaillerie où, tout enfant, il avait accoutumé de se rendre. La femme du patron, Mme Guiole, lui avait appliqué le surnom affectueux de *pichoun*, mot qui en provençal signifie, paraît-il, *mon petit*. Les ouvriers, créoles pour la plupart, l'appelaient, par altération, *pikion* ou *pition*: d'où, en changeant l'*i* en *e*, le nom de Pétion qui lui est définitivement resté.

Il appartenait à cette classe d'enfants qui excite à un si haut degré et à si juste titre d'ailleurs, la sympathie quelque peu batailleuse de M. Dumas fils. Il était fils naturel, et son père lui marchandait son affection. On ne sait même pas d'une façon certaine, s'il l'avait reconnu. Par un sentiment de fierté facile à comprendre, l'enfant fut donc tout heureux de recevoir de la bouche de ces ouvriers — qui l'aimaient — ce nom de Pétion auquel devait s'ajouter plus tard l'épithète glorieuse de « *Fondateur de la République* ».

« Ainsi, c'est à tort dit M. Saint-Rémy, auteur de « *Pétion et Haïti* » à qui j'emprunte ces détails, « c'est à tort « que quelques biographes prétendent qu'Alexandre prit « lui-même le nom de Pétion par admiration pour le fameux maire qui dirigea la ville de Paris à l'aurore de « la Révolution. »

Il me reste à vous exprimer, Monsieur, toute l'admiration que je professe pour votre talent si franc d'allure et d'une saveur si piquante, en vous priant d'agréer l'expression de mes sentiments de parfaite estime.

Justin DÉVOT.

P. S. — Ma lettre, je m'en aperçois le premier, est sortie du cadre ordinaire d'une rectification. Est-ce vous qui m'en ferez un crime? Quand on parle de son pays, n'est-il pas naturel que le cœur batte un peu le rappel?

Voici le billet que Chapron m'envoya :

Monsieur JUSTIN DÈVOT,

3, rue des Mathurins,

Paris.

Monsieur,

Je suis touché, et très sincèrement touché de la charmante lettre que vous m'avez écrite. Moi qui réponds peu, je réponds tout de suite.

J'ai, en effet, la faiblesse de beaucoup aimer les Haïtiens, braves et intelligents compagnons de ma première jeunesse.

Je voudrais même, voyez la force de ces souvenirs d'antan, qu'une sérieuse occasion s'offrit à moi de leur prouver ma réelle sympathie.

Etes-vous bien sûr, entre nous, de la jolie mais discutable origine du nom de Pétion, votre grand Washington?

Je n'y insiste pas, vous sentez.

Croyez, Monsieur, à mes sentiments très empressés.

Léon CHAPRON.

Cette sympathie que Chapron déclarait avoir pour nous, j'essayai d'en bénéficier ou plutôt d'en faire bénéficier le pays quelque temps après.

C'était en janvier 1882. M. Léo Quesnel avait fait une sortie des plus énergiques contre Haïti et les Haïtiens. Il avait daubé sans pitié sur nos pauvres épaules déjà assez meurtries par les horions précé-

***

demment attrapés. Son article avait paru dans la *Revue politique et littéraire* qui se montrait peu disposée à publier nos répliques. Je pensai alors au journal l'*Evénement* et j'eus recours à Chapron pour y obtenir l'insertion de ma réponse. Chapron encore cette fois, se montra très aimable, tout en s'excusant de ne pouvoir faire agréer ma demande. Il m'exprima ses regrets dans les lignes suivantes :

Monsieur,

J'ai lu avec un vif intérêt et une sérieuse attention votre réponse à M. Quesnel. Il y a, dans l'article de M. Quesnel, à côté de deux ou trois points spécieux, de réelles énormités dont vous avez chaudement fait justice.

Le malheur est que Magnier, qui peut seul décider de certaines insertions, est en ce moment dans les Alpes-Maritimes où le retient le soin de sa candidature. Je crains qu'il n'y reste longtemps.

Sans quoi, vous ne doutez pas que je me serais fait un plaisir de lui remettre votre article, et en l'appuyant comme il eût convenu.

Recevez, Monsieur, avec l'expression de mes regrets, la nouvelle assurance de mes meilleurs sentiments.

Léon CHAPRON.

Ce petit insuccès ne me rebuta pas. M. Edmond Magnier, directeur du journal, périodiquement s'éloignait de Paris pour soigner une candidature qui jamais ne parvenait à se dresser sur ses jarrets. Il était en effet absent à ce moment; seulement j'appris dans les bureaux de l'*Evénement*, que M. Louis Besson à qui était confié le *courrier des théâtres*, avait les pouvoirs nécessaires pour m'accorder l'hospitalité désirée. J'allai le voir incontinent, en compagnie de J. A... dont la présence me fut d'un grand secours.

Avec sa verve et son exubérance toutes méridionales il exposa l'affaire à Louis Besson et lui fit, moi présent et rougissant jusqu'aux oreilles, un éloge accablant du manuscrit que timidement, je venais de lui allonger. J... a la parole entrainante et persuasive. Très adroitement il « *fit l'article* » à Besson qui se laissa aller à parcourir le menaçant manuscrit. Pour notre bonheur, le courriériste de l'*Evénement* s'en montra satisfait et nous promit de le *faire passer* dans le journal du lendemain, sous la seule condition d'en atténuer certains passages un peu trop agressifs à l'endroit de la *Revue politique* avec qui l'*Evénement* était et voulait rester en bonnes relations. L'aimable et hospitalier journaliste nous tint parole. C'est ainsi que le 1er février 1882, au matin en dépliant le numéro tout frais de l'*Evénement* que je venais d'acheter, je pus y voir, tout au long, à la deuxième page, ma défense d'Haïti contre les attaques de M. Léo Quesnel. J'étais imprimé tout vif et j'en ressentis, avec « l'émotion inséparable d'un premier début », un plaisir sur lequel, entre nous, je commence à me blaser quelque peu. Aussi bien, j'étais loin, bien loin des vaines et stériles polémiques que suscite notre politique intérieure.

Depuis, Léon Chapron est mort, laissant pour tout bagage deux ou trois petits volumes où il avait réuni et condensé ses étincelantes fantaisies. La nouvelle de cette mort m'affligea beaucoup. En donnant à Chapron l'assurance de mon estime, j'avais été très sincère. Je n'avais pas usé envers lui de ces formules banales qu'on trouve toute prêtes pour le premier venu avec qui les circonstances vous mettent en rapport. Dans ce parisien si railleur et qui parfois affichait un scepticisme désolant, il y avait un croyant : un croyant que le lecteur sympathique découvrait à de certaines notes particulièrement émues et vibrantes. Chapron certes avait du cœur et beaucoup de cœur. Il adorait sa mère; il aimait les enfants. Bien souvent, en parlant de ceux-ci, il eut des accents réellement touchants, qui laissaient deviner qu'au moment d'écrire ses phrases bourrées de tendresse contenue, sa plume avait dû s'humecter d'une larme sortie du plus profond du cœur.

N'est-ce pas là un peu notre histoire à tous? On passe son temps à railler et à se moquer, mais vienne l'heure de la solitude, adieu la comédie! L'attendrissement succède à la raillerie, les larmes aux sarcasmes, le masque est rejeté et l'homme, loin des regards inquisiteurs, se retrouve face à face faible comme un enfant, avec le sentiment qui le trouble et le remue : il croit, il admire, il aime, il souffre. Qui peut se flatter de pouvoir bien connaître le fond d'une âme? La jolie et si fine remarque de Pailleron sera éternellement vraie, au moins pour les natures délicates : *le rire est la pudeur des larmes.*

(L'*Union*, du 16 mars 1889).

HAÏTI.

Lettre à Monsieur EUGÈNE YUNG, directeur de la « Revue politique et littéraire » (1).

Monsieur,

La *Revue politique et littéraire* de samedi dernier a publié un article sur Haïti. L'article est signé de M. Léo Quesnel et fait sur des données fournies par M. Edgard Lasselve, un Français qui a voyagé aux

(1) Nous extrayons cet article et celui qui le suit d'un petit volume intitulé : « *Les détracteurs de la race noire et de la République d'Haïti* » publié en collaboration en 1882 à Paris, chez Marpon et Flammarion. L'article dans le volume est accompagné de la note suivante : « *Cette lettre a* « *paru — sous forme d'article — dans le numéro de* l'ÉVÉ- « NEMENT *du 1er février dernier. Le signataire en avait* « *retranché quelques passages qu'il croit inutile de rétablir* « *ici.*

« *Dans la discussion que nous soutenons contre M. Ques-* « *nel, le droit et la raison sont de notre côté. Des adhé-* « *sions nombreuses — auxquelles nous attachons le plus* « *haut prix — le prouvent surabondamment. Nous adressons* « *nos remerciements les plus sincères à M. Besson qui nous* « *a spontanément fait à* l'ÉVÉNEMENT *l'accueil le plus gra-* « *cieux et le plus bienveillant. J. D.* » — Aujourd'hui encore je crois devoir signaler le caractère si généreux et si hospitalier de la Presse parisienne. (Voir Annexe D).

Antilles. Il est aisé de s'apercevoir, à première vue, que M. Quesnel ne connaît pas le pays dont il parle. Son article est semé d'inexactitudes et, chose plus grave, dénature profondément les traits généraux de notre physionomie nationale. Je n'entreprendrai pas de réfuter, par le menu, toutes les allégations de M. Quesnel. L'espace me manquerait. Je me contenterai, à grandes lignes, de rétablir les faits dans leur vérité historique et sociale.

*
* *

M. Léo Quesnel se met tout d'abord sur le terrain de l'inégalité des races. Sans tenir compte de la lenteur des évolutions historiques et des idées émises, à ce sujet, par des esprits d'une supériorité incontestable, il croit la race noire frappée d'une incapacité cérébrale qui l'empêchera de s'élever, par ses propres forces, au niveau de la civilisation européenne.

Cette façon fort sommaire de trancher la question est, en vérité, peu sérieuse, et l'on comprendra que je n'insiste pas. J'exprimerai seulement mon regret de voir une pareille théorie se reproduire au sujet de mon pays. Elle serait depuis longtemps enterrée, n'était la très grande difficulté, je dirais l'impossibilité d'instituer, en la matière, une expérimentation réellement scientifique.

En ce qui nous concerne particulièrement, des exemples éclatants, irréfutables prouvent que la race haïtienne, en dépit de ses détracteurs, a réalisé, dans l'ordre intellectuel, des progrès considérables, étonnants même, étant données les circonstances malheureuses qui ont pesé sur son existence politique et entravé la marche régulière de sa civilisation. La lutte héroïque de 1803 et les ruines — radicales — qui en étaient résultées; la forte et écrasante indemnité de 1825; les oscillations de la politique intérieure, les luttes intestines pour arriver à asseoir le gouvernement sur une base vraiment démocratique....., telles sont les causes qui nous ont empêché de nous développer avec toute l'aisance et toute la rapidité désirables.

Il résulte, d'ailleurs, de l'histoire de la formation des peuples que le progrès ne se manifeste que très difficilement chez les nations jeunes, à l'aurore surtout de leur existence nationale. C'est une loi nettement mise en relief par Bagehot, et que ne doivent jamais perdre de vue ceux qui s'occupent de traiter les questions touchant à l'histoire politique et sociale des peuples. Les vieilles nations, sous la poussée des idées du moment, s'avancent dans la voie du progrès avec toute la force et la vitesse précédemment acquises. L'effort est moins pénible et le résultat plus sensible. Tel n'est malheureusement pas notre cas. Notre avènement à la liberté ne date que de soixante dix-huit ans! Combien n'a-t-il pas fallu de siècles aux nations européennes pour arriver au développement qu'elles ont atteint aujourd'hui? Ce développement a-t-il été continu et n'a-t-il pas subi, comme un temps d'arrêt, pendant une grande partie du moyen âge?

*
* *

Il manque à l'inspirateur de l'article de la *Revue* ce que les philosophes appellent « la puissance d'abstraction ». M. Lasselve a conservé, pour juger les mœurs et les idées de la classe populaire d'Haïti, la notion et la mesure des choses parisiennes. Il n'a pas su faire ce qu'on pourrait appeler, suivant une expression pittoresque, « la mise au point ». D'un pareil procédé de critique sociale il ne peut résulter que des vues dénuées d'équilibre et de tout cachet scientifique. Certes, il ne saurait être interdit à un voyageur de noter sur son calepin les faits originaux et particuliers qui le frappent à l'étranger; mais quand un publiciste, venant derrière lui, néglige l'ensemble des phénomènes sociologiques par lesquels se manifeste la vie d'un peuple, pour faire de ces menus faits, d'une portée tout à fait insignifiante, la base exclusive d'une appréciation générale, on a le droit de l'arrêter et de lui crier : halte ! au nom de la justice universelle et du respect que tout écrivain doit à la vérité. Il y a bien là, si je ne me trompe, une question de conscience littéraire.

Je me fais violence, Monsieur, pour contenir mon indignation prête à éclater. Je suis ennemi de la déclamation et de la sensiblerie. Je pense qu'il faut aimer son pays comme on aime sa mère, sans phrases et sans apprêt. Mais, en vérité ! voilà trop longtemps que nous endurons, sans broncher, sans protester, les attaques de toute nature dirigées contre nous. La plus robuste patience se lasse, à la fin !

Notre dénigreur souligne et nous reproche les scènes sanglantes de notre histoire. Le régime esclavagiste qui a pesé sur nous était, à son avis, d'une douceur et d'une modération relatives, en comparaison des événements qui ont marqué, par la suite, nos annales historiques. Contre cela, je proteste de toute la force de mon énergie. Il faut n'avoir aucune connaissance exacte de l'histoire d'Haïti et vouloir, de parti pris, jeter un voile épais sur les cruautés et les misères qui ont attristé cette terre, de l'époque de sa découverte à celle de son indépendance, pour soutenir une pareille thèse. Je n'insisterai pas sur les traitements cruels, inhumains, féroces, infligés aux pauvres esclaves par les colons, leurs maitres. Un écrivain de talent et de cœur dont l'œuvre, à part son mérite littéraire, a été une bonne action, Mme Beecher-Stowe, a fait de toutes ces atrocités une peinture saisissante. La *Case de l'oncle Tom* a eu un succès retentissant. Qu'on lise ce livre, et l'on sentira ce qu'il y a de révoltant dans la pensée d'un journaliste qui vient parler du « bon temps de l'esclavage ». N'y a-t-il pas là une double étroitesse d'esprit et de sentiment, et ne pourrions-nous pas, renversant les rôles, appliquer à notre adversaire le mot de la comédie :

Nous n'avons pas, Monsieur, le crâne fait de même?

Assurément, je ne nie pas qu'il y ait eu dans la trame des événements historiques d'Haïti, bien des faits regrettables et qu'un esprit philosophique condamnerait au point de vue de la morale pure. Mais ces faits, dont on exagère singulièrement l'importance, ont jailli spontanément, fatalement de la série des événements précédents, et il n'était au pouvoir de personne de les empêcher de se produire. Aussi bien, où est le peuple, quelque pacifique qu'il ait été, et dans le passé et dans le présent, qui n'ait dans son histoire des pages lugubres, marquées d'un signe rouge? Ah ! je n'aurais qu'à allonger le doigt pour vous indiquer les taches de sang qui maculent le livre d'or de la nation française. J'aime mieux passer.

D'une façon générale, j'estime que les récriminations contre le passé sont toujours vaines et stériles. L'histoire est un enchainement de faits et d'événements qui s'engendrent les uns les autres, et il est aussi puéril de condamner un fait historique qu'il le serait de maudire la foudre, la pluie ou tout autre phénomène résultant du jeu des forces naturelles. Ce qui est vrai de la France l'est aussi d'Haïti. Je poursuis donc.

*
* *

Notre détracteur nous prend à partie à l'occasion de l'article de notre Constitution qui refuse à l'étranger le droit de propriété en Haïti. Ici, je suis obligé de le replacer dans la perspective de l'histoire, remontant avec lui au lendemain de la lutte victorieuse, entreprise pour la revendication de notre droit à la liberté.

N'était-il pas naturel, à ce moment où nous étions encore tout essoufflés, tout épuisés par le gigantesque effort que nous venions de faire, n'était-il pas naturel que notre défiance — très légitime alors, nul ne le contestera, — se traduisit par une mesure d'exclusion? Et depuis, si l'article n'a pas été rayé de notre Constitution, — en supposant qu'il y eût de bonnes raisons pour le faire, — c'est que les réformes..... constitutionnelles surtout, sont d'un enfantement laborieux, — en Haïti comme ailleurs. Mais observez la marche des idées sur ce point spécial. L'article était ainsi formulé dans nos premières Constitutions : « Aucun *blanc* n'a le droit de propriété en Haïti..... » Cette formule, tout-à-fait radicale, refusait du même coup à l'homme de race européenne et le droit de naturalisation et celui de propriété. Il fut modifié plus tard et prit la forme suivante : « Nul, *s'il n'est Haïtien*, etc. », forme qui admettait la possibilité pour l'étranger de se faire naturaliser et, par voie de conséquence, d'acquérir le droit de propriété (1). L'évolution est très marquée, et on ne la

(1) Il s'agit bien entendu de la propriété immobilière et surtout foncière. J'ai indiqué dans une note placée sous l'article « *Questions de nationalité* » que l'étranger de race blanche est aujourd'hui, en matière de naturalisation, placé sous l'empire du droit commun. En ce qui est du droit de propriété immobilière, il ne l'a pas encore en tant qu'étranger, ce droit étant interdit à tous les étrangers sans distinction d'origine. Mais la jurisprudence admet, en sa faveur, la constitution d'hypothèques sur les biens fonciers. Il se ménage, celui du moins qui a quelque fortune, les avantages pratiques de la propriété par une combinaison d'antichrèse et d'hypothèque. De plus une loi de 1883 accorde le droit de propriété foncière aux établissements fondés pour la préparation des denrées nationales, même quand ils le sont par des étrangers. (1892).

peut nier, sous prétexte que la seconde rédaction n'est qu'un « euphémisme » destiné à voiler la rigueur du législateur. Il y a lieu de constater une fois de plus l'invariabilité et la logique des lois historiques. Cette même loi, qui se manifeste chez un petit peuple si injustement insulté, est celle qui a réglé, sur le même chapitre, tout le mouvement de la législation romaine et du droit coutumier français.

On a donc mauvaise grâce à nous chicaner à ce propos.

Puisque M. Quesnel est l'ami de la scolastique, s'il s'était adressé à cette bonne dame — qui nous ferait aujourd'hui l'effet d'un vieux parchemin de Pompéi, et dont la place serait au musée de Cluny, — elle lui aurait peut-être répondu que Dieu seul a le pouvoir de modifier l'action des forces sociales comme des forces humaines. Nous ne sommes pas Dieu, malheureusement.

Il est à noter qu'entre temps des débats très vifs s'étaient produits sur l'article incriminé. Le pour et le contre étaient soutenus par des personnalités marquantes avec beaucoup de verve et de chaleur. Tout récemment encore, une polémique s'est ouverte, en Haïti, entre quelques jeunes publicistes, sur le même point... Pour ma part, je réserve mon opinion. Je n'ai pas à ma disposition les données qui me permettraient de formuler une appréciation conscieneieuse. Ce que je puis dire tout de suite, c'est que le souvenir de la domination française et l'ancienne défiance qui animait nos ancêtres se sont complétement dissipés. Actuellement, ce sont des raisons politiques d'un ordre tout différent qui nous engagent à maintenir l'article. Songez, Monsieur le directeur, qu'il n'y a pas que des Français en face de nous. Il y a des Américains..... des Allemands. Ces derniers émigrent par milliers chaque année; ils n'auraient qu'à diriger leurs pas vers notre petit coin de terre!... Voyez-vous d'ici la situation précaire, — pleine de périls et d'inquiétudes, — qui nous serait faite? L'Allemagne cherche en ce moment des colonies, et la main du chancelier de fer est terriblement lourde!.....

Les Américains! Ils nous auront, a dit notre contempteur! Ce terrible pronostic — fait, il est vrai, à la façon d'un médecin qui condamnerait un malade sans le voir et sans connaître son tempérament particulier — n'explique-t-il cependant pas suffisamment nos craintes à l'égard de cette nation envahissante, toujours en proie à une activité fiévreuse?

Avec une cruauté impitoyable on nous fixe une échéance fatale!...

Tout au fond de moi quelque chose me dit que la science de notre médecin Tant-Pis est en défaut. Il en sera quitte pour faire la grimace le jour où, venant constater le décès du condamné, il le trouvera gaillard, respirant à pleins poumons l'air sain et vivifiant de la liberté.

*
* *

J'aborde un dernier point. Le rédacteur de la *Revue* nous reproche de ne pas aimer la France. C'est un trait final : *in caudâ venenum.* Pour réfuter cela, je n'ai qu'à rappeler mes souvenirs et à laisser parler mon cœur; et ce que je vais dire sera l'expression exacte des sentiments de tous les Haïtiens.

Haïti aime la France. Celle-ci, après avoir été sa marâtre, est devenue sa mère : c'est elle qui, indirectement, a dirigé nos premiers pas dans notre marche ascendante vers la civilisation. Nos institutions politiques, notre législation, notre organisation administrative, nos mœurs, nos habitudes sociales, notre langue officielle même sont empruntées à la France. Elle a été notre éducatrice. Nous avons sucé à sa mamelle le lait de la science. de la littérature, et aussi les principes libéraux et philosophiques dont s'inspire notre jeune démocratie. C'est elle qui pourvoit à notre alimentation intellectuelle, et les Français qui nous connaissent de près peuvent attester que nous n'avons jamais perdu une occasion de proclamer hautement notre attachement et notre affection pour leur patrie. Pas un de nos poètes qui n'ait traduit ce sentiment dans ses œuvres et payé un tribut d'admiration au grand génie qui est la personnification la plus haute et la plus pure de la littérature française au XIXe siècle : Victor Hugo... En février 1881, nous tous Haïtiens, étudiants, rentiers, commerçants, vivant à Paris, nous avons défilé devant sa fenêtre, lui envoyant, du fond de l'âme, un salut ému et respectueux. Il nous semblait saluer la France. En ce moment même, il s'organise en Haïti une souscription en faveur de la statue qui devra immortaliser ses traits, comme ses œuvres immortalisent son génie. Il ne se rencontre pas un Haïtien qui ne tienne à honneur de donner son obole pour cette grande œuvre de reconnaissance, non pas patriotique, mais universelle.

Tenez, voici un autre souvenir : En 1825, quand arriva en Haïti l'édit de Charles X qui ratifiait définitivement notre indépendance, une voix s'éleva : c'était celle d'un de nos poètes, Jean-Baptiste Romane. L'ode qu'il venait de composer, et qu'il chantait, était belle. Un grand souffle d'amour et de patriotisme y circulait. Elle eut un immense retentissement. Le poète célébrait l'union d'Haïti avec la France, et le vers qui revenait à la fin de chaque strophe était celui-ci :

Vive Haïti ! Vive la France !

Ce cri eut de l'écho dans toutes les poitrines haïtiennes.

Plus tard, en 1870, — date funeste, — nous accompagnions de nos vœux et de nos sympathies l'armée française, prise entre son petit nombre, sa faiblesse et la stratégie savante des cohortes allemandes. J'étais enfant alors. Je me rappelle, — comme si c'était d'hier, — l'anxiété poignante avec laquelle nous attendions des nouvelles de la guerre, que nous communiquait notre directeur, presque un Français (1). Il nous paraissait impossible que la glorieuse France, — que nos connaissances historiques, soutenues de nos sentiments personnels, nous représentaient toujours victorieuse sur les champs de bataille — pût être vaincue et dépouillée. Le jour de la défaite nous trouva tristes et presque humiliés.

Le vers de notre poète reparut alors sur nos lèvres dans un murmure douloureux, car notre amour n'avait pas changé.

A l'heure actuelle, Monsieur, bien des Haïtiens suivent, — avec une pointe d'inquiétude, j'en suis

---

(1) J'ai appris récemment qu'il était de nationalité française. C'était M. Louis Séguy Villevaleix, dont le souvenir est rappelé dans la dernière partie de ce livre.

certain, — les agitations de la politique française, espérant que la grande République se maintiendra quand même pour réaliser l'œuvre de démocratisation européenne qu'elle est appelée à accomplir.

Et, — voyez la force de notre sympathie, — il me semble voir poindre déjà à travers les brumes de l'avenir le jour où il nous sera donné de nous écrier de nouveau, — comme en 1870, mais sous l'empire d'une toute autre émotion :

Vive Haïti ! Vive la France !

Veuillez agréer, Monsieur le directeur, l'assurance de ma considération la plus distinguée.

Justin DÉVOT,
étudiant en droit, 3, rue des Mathurins.

Paris, le 25 janvier 1882.

UN ÉCHAPPEMENT.

Post-Scriptum.

Voici un procédé, assez simple, que j'ai vu employer par des enfants pour lancer une pierre. La pierre est fixée à l'extrémité d'une ficelle retenue à la main par l'autre bout. Le mioche imprime à cette espèce de fronde un mouvement de rotation très rapide, en ayant soin de lâcher au bon moment. La pierre est projetée dans l'espace, traînant après elle, à la façon d'une comète, sa queue de ficelle. Elle s'échappe par la tangente, disent les mathématiciens.

Eh bien ! Monsieur Léo Quesnel vient de faire la même chose pour sortir du cercle de la discussion que nous soutenons contre lui. Il s'est échappé par la tangente ?

Il a fait publier, dans le numéro de la *Revue politique et littéraire* du 4 février, une petite note courtoise en la forme, mais pleine de réticences au fond, où il essaie de nous persuader que la pilule qu'il avait voulu nous faire avaler était le bonbon le plus inoffensif et le plus agréable du monde.

Ah bien ! vrai ! comme dit le gavroche de Paris.

Votre enveloppe dorée vient trop tard, ô charitable Diafoirus. L'amertume de la chose nous avait déjà trop désagréablement affecté le palais. L'impression nous reste.

*
* *

Adonc, M. Quesnel, sentant parler en lui la « voix du sang » (cette « voix du sang » qui fait la joie des chroniqueurs sceptiques et railleurs), a éprouvé le besoin de nous ouvrir dans l'avenir « d'agréables perspectives ».

La sollicitude paternelle (1) lui a dicté, à notre endroit, des déclarations empreintes de la plus affectueuse sympathie. O puissance de la consanguinité! Oyez plutôt :

« *La race noire est incapable de se développer in-*
« *tellectuellement!*

« *M. Lasselve est le seul Européen qui, par grâce*
« *d'état, ait pu prendre les nègres au sérieux!*

« *Haïti est en jachère au point de vue social, com-*
« *mercial, industriel et agricole et jamais les nègres*
« *n'en feront rien.* »

---

(1) M. Quesnel a écrit cette phrase : «...... Les Français ont été de tout temps...... fusionnistes, et, plus qu'ils ne le croient, les Haïtiens sont nos enfants. »

(Petites caresses destinées à nous *agréablement* chatouiller l'amour-propre).

« *Les États-Unis étendront leur influence sur leur île.* »

(« Agréable » prédiction, propre à nous faire courir dans le dos un petit frisson de bien-être).

En vérité! Monsieur, vous êtes un prophète d'une facture toute spéciale et vous damez le pion — ne rougissez pas — à tous les vaticinateurs de l'antiquité et surtout à ce facétieux — prophète de contrebande — qui s'était avisé de prédire la fin du monde pour 1881. Tout cela est du menu fretin, à côté de vous... Vous les dépassez de cent coudées!...

Tenez, vous nous aimez, avez-vous dit. J'enregistre complaisamment, suivant votre si gracieuse méthode, cet aveu « bien doux à notre cœur ». Et — admirez mon sans-façon — mettant tout de suite à contribution la dose d'affection que vous cachez en un coin de votre âme pour les habitants des anciennes colonies françaises « sans distinction de latitudes ni de races », je vous prie de me livrer le secret de votre manière on ne peut plus aimable de manifester aux gens de l'attachement.

Il se trouve, parmi mes examinateurs, quelques vieux rébarbatifs dans les papiers desquels je ne serais pas fâché de me mettre. Je leur ferai, suivant votre recette, quelque petite prédiction bien gentille (je leur « ouvrirai », par exemple, « l'agréable perspective » d'être moissonnés, à bref délai, par la terrible faucheuse que Malherbe peint en couleurs si sombres); n'ayez doute qu'ils ne m'octroient, avec une touchante unanimité, trois boules blanches, à mon premier examen. Je vous devrai cela, Monsieur, et vous n'ignorez sans doute pas ce mot que j'ai relevé dans Méry : La reconnaissance est une vertu noire.

*
* *

M. Quesnel trouve tout naturel que nous admirions M. Victor Hugo. Soit! Devant ce génie surhumain l'admiration s'empare irrésistiblement de vous. Encore faut-il, ô trop oublieux M. Quesnel! que l'on n'ait pas la haine invétérée du « blanc » (1).

D'ailleurs, je connais des gens qui résistent à tout entraînement de ce côté et qui, par pur esprit d'opposition, ne se feraient aucun scrupule de proclamer Wagner, le Jupiter tonnant de Bayreuth, un plus grand homme que *Monsieur* Victor Hugo. Inutile

---

(1) M. Quesnel a, dans son premier écrit, reproché aux Haïtiens qui viennent à Paris de s'en retourner chez eux avec la haine du *blanc*.

d'insister, n'est-ce pas. Vous savez de qui je veux parler.

Vous même, Monsieur, votre *M* placé devant le nom du poète ne semble-t-il pas donner un démenti aux vers admirables de Théodore de Banville :

Poète entré vivant dans l'immortalité.

Ah! voilà... Théodore de Banville n'avait pas prévu l'excessive politesse de M. Léo Quesnel.

*
* *

De tout le débat — stérile (?) selon lui — M. Quesnel ne *veut* retenir que l'assurance de notre amour pour la France.

Dieu me garde de reprocher à notre adversaire ce procédé légèrement..... égoïste. M'est avis néanmoins qu'il a dû avoir, à ce propos, un rapide colloque avec sa conscience, comme dirait Chapron. En homme avisé et qui ne plaisante pas sur le chapitre de l'amour-propre, il a tout de suite imposé silence, — sans barguigner, — à cette importune qui lui murmurait à l'oreille je ne sais quels mots de justice..... de droit des faibles..... de respect de la vérité..... etc., etc. D'autres, plus naïfs, n'eussent pas manqué d'accorder une certaine importance à toutes ces balivernes. M. Quesnel, lui, enveloppé dans sa sereine impassibilité, s'en est soucié comme d'une guigne!

Me permettra-t-il cependant d'insinuer discrètement qu'il aurait pu — ce point du débat important seul à ses yeux — ne pas négliger, comme il l'a fait, les faits rapportés à l'appui de nos protestations d'amitié. J'en résume brièvement quelques-uns :

1° L'explosion de sympathies qui eut lieu en Haïti à l'adresse de la France pendant la guerre de 1870-71 ;

2° La part prise par quelques-uns de nos compatriotes à cette guerre dans les rangs de l'armée et dans les ambulances françaises;

3° L'affaire du capitaine Batch (1);

4° Le dévouement d'un de nos médecins qui soigna tout un équipage français atteint de la fièvre jaune et ne voulut, en retour, accepter aucune rémunération pécuniaire du gouvernement français. De quoi il fut récompensé par la croix de la Légion d'honneur.

---

(1) Ce trait est rappelé dans « *les Détracteurs de la race noire* » par M. Janvier. Le suivant par M. Bowler. J'ajoute qu'après une campagne diplomatique entreprise par notre ministre plénipotentiaire, le gouvernement allemand rendit justice au gouvernement haïtien.

. . . .

. . . .

M. Quesnel, ai-je dit, laisse tous ces faits de côté pour s'attacher à la seule manifestation faite, en février 1881, par les étudiants haïtiens de Paris en faveur de Victor Hugo (1), donnant, par ainsi, à nos sympathies un caractère restreint et purement littéraire. Singulière façon de se dérober! Toujours la tangente!

*
* *

M. Quesnel, qui ne me fait pas précisément l'effet de vivre dans l'intimité de Darwin et des écrivains de l'école transformiste, semble quelque peu s'embrouiller dans la question de sélection. Pressé de mettre un point à cette longue discussion, je prends la liberté de le renvoyer à l'article du docteur Janvier. Je n'ajoute que peu de mots :

L'idée de sélection ne nous répugne nullement.

---

(1) Voici ce qu'il dit :

« De ce petit débat stérile nous ne retenons qu'un mot :
« c'est l'assurance que les Haïtiens nous aiment. . . . . . .
« Nous n'en verrions peut-être pas, comme eux, une preuve
« convaincante dans l'admiration que les étudiants *haïtiens*
« de Paris ont témoigné à M. Victor Hugo, car on admire
« un grand poète d'où qu'il vienne. . . »

Les unions entre Haïtiens et Européens sont très fréquentes. Et si notre adversaire avait puisé ses renseignements à une source sérieuse, il saurait que Haïti est loin d'être une terre fermée. Il y vient beaucoup d'étrangers. L'accueil le plus hospitalier leur est fait. Ils s'engagent généralement dans les affaires commerciales où ils parviennent, presque toujours, à dorer leur dénûment initial. Ils s'ingèrent même souvent de choses qui ne les regardent point. De tout cela nous ne nous plaignons guère. Nous avons, à leur égard, l'aimable..... tolérance du bonhomme Orgon. Mais, qu'on le sache bien, nous entendons, comme le charbonnier, être maître chez nous et nul ne doit nous blâmer de prendre nos précautions pour qu'on ne nous vienne pas crier demain :

La maison est à nous, c'est à vous d'en sortir!

Paris, 5 février 1882.

L'ŒUVRE DE Mgr LAVIGERIE.

S'il est un peuple appelé à s'intéresser plus que tout autre au sort des pauvres noirs qui souffrent et gémissent sur la terre d'Afrique, c'est bien le peuple haïtien.

Il nous est arrivé bien souvent de nous poser en sentinelle avancée de la race noire sur le chemin de la civilisation. Nous avons toujours mis un grand empressement à reconnaître et à proclamer nos devoirs envers cette race. Pour beaucoup d'entre nous, et aussi aux yeux de beaucoup de penseurs européens, il se produit sur la terre d'Haïti une expérience sociologique, d'où sortira soit la réhabilitation, soit la définitive condamnation, au point de vue cérébral, des sociétés noires. Hier encore, un de nos publicistes, dans les colonnes mêmes de ce journal, parlait, à propos de l'introduction de l'élément blanc en Haïti et de son assimilation à l'élément indigène, du « grand œuvre de la civilisation noire ».

La solidarité, sous le rapport moral, est étroitement établie entre Haïti et les autres groupes humains appartenant à la race noire et elle ne songe pas à la répudier. Il ne nous est donc pas permis de nous désintéresser d'aucune entreprise ayant pour but de leur venir en aide, d'alléger le fardeau si écrasant d'ignorance et de misère qui pèse sur la plupart d'entre eux, de faciliter leur avènement à la lumière, à la liberté.

Mgr Lavigerie, le célèbre archevêque d'Alger, bien connu déjà par les bienfaits qu'il a réalisés en Algérie, nous offre une excellente occasion de mettre nos actes en accord avec nos déclarations, de faire porter des fruits aux sentiments de fraternité, de solidarité qui nous lient à nos frères noirs d'Afrique.

Il poursuit, en ce moment, l'accomplissement d'un projet où se retrouvent l'élévation d'esprit et la bonté de cœur de la grande et noble nation à laquelle il appartient. Il veut abolir l'esclavage dans l'Afrique centrale, dernière retraite de cette abominable institution que dix-neuf siècles n'ont pu encore complétement effacer de la surface du globe.

Notre correspondant parisien, M. Robert Plantel, a, la semaine dernière, mis nos lecteurs au courant du plan de Mgr Lavigerie : formation dans chaque pays qui apportera son adhésion à l'œuvre, de sociétés anti-esclavagistes dirigées et servies par des comités et des sous-comités ; organisation d'une milice composée d'hommes d'élite, bien résolus, venus de tous les points, pour instruire les noirs et les entrainer dans une guerre d'extermination aux marchands d'esclaves.

Deux éléments de succès doivent être mis dans les mains du digne prélat : des hommes et de l'argent. Chaque pays fournira son contingent.

Notre correspondant, à propos d'Haïti, a écrit ce qui suit qu'on peut lire dans sa lettre parue dans l'*Union* de samedi dernier :

« *Tous les amis d'Haïti en France considèrent*
« *comme nécessaire et fatale la création d'une société*
« *anti-esclavagiste haïtienne. Dans la lutte suprême*
« *contre les derniers débris de cette monstrueuse*
« *institution des anciens âges, le premier rang de*
« *combat appartient au peuple héroïque qui doit sa*
« *plus pure gloire à son indomptable passion de la*
« *liberté* (1). »

---

(1) Ceci n'était pas une phrase en l'air. M. Robert Plantel, au courant des choses d'Haïti, connait particulièrement Mgr Brinca, auquel il s'était offert à me présenter, lors de mon séjour à Paris, en 1889. L'archevêque malheureusement était absent quand nous nous sommes présentés pour le voir. Le « *Moniteur de Rome* » avait intégralement reproduit notre article. La participation d'Haïti à cette grande entreprise s'impose en effet. Rappelons qu'un Haïtien, notre compatriote M. Benito Sylvain, directeur de la *Fraternité*, a pris part, très brillamment, à la Conférence anti-esclavagiste de Bruxelles, et que son journal, qui

Certes, des Haïtiens seraient, en raison même de l'origine de leur nation, appelés à se montrer au premier rang dans cette nouvelle armée du salut : salut pour des milliers d'êtres humains plus cruellement traités que des animaux. Mais il n'y a guère d'espoir, étant données la pitoyable situation du pays, la crise aiguë qu'elle traverse maintenant, de voir Haïti remplir, dans cette grande et magnifique guerre, le rôle glorieux qui lui reviendrait. Il ne faut pas compter, croyons-nous, pour le moment, du moins, sur la formation d'une légion haïtienne qui porterait, haute et triomphante, la bannière de la délivrance.

A défaut d'hommes il est heureusement possible de trouver de l'argent et d'en envoyer. Tous les Haïtiens, le gouvernement en tête, auront à cœur de laisser tomber leur aumône dans les mains qui bientôt vont se tendre pour amasser la première somme à expédier là-bas.

Il n'y a pas à s'y tromper : il y a là un devoir hautement humanitaire à remplir, devoir ayant, en ce qui nous concerne, toute la netteté et la rigueur d'une obligation de conscience.

---

s'édite à Paris, soutient l'œuvre très fermement et très continûment. (1892).

Quand, dans les pays européens, les cœurs compatissent aux souffrances et aux misères des pauvres noirs d'Afrique, cherchant à les soulager, comprendrait-on que nous autres Haïtiens, fils d'esclaves et ne rougissant pas de notre origine, nous restions indifférents et inactifs ?

Il y a donc lieu, en attendant la constitution d'une société, de s'occuper au plus tôt de l'organisation d'un comité chargé d'ouvrir, dans tout le pays, une souscription publique en faveur de l'œuvre de Mgr Lavigerie. Toutes les forces vives de la nation doivent être, en cette circonstance, utilisées pour rendre la recette aussi abondante que possible. La magistrature, le clergé, les pouvoirs constitués, le commerce seront conviés à apporter leur concours. Les organisateurs auront à beaucoup compter sur l'appui du clergé qui ne se fera pas faute de mettre au service de cette noble et grande idée la puissance de propagande dont il dispose pour le bien. L'entreprise n'a-t-elle pas d'ailleurs un caractère hautement chrétien et le succès n'en repose-t-il pas sur l'énergie et le dévouement d'un des plus illustres dignitaires de l'Église catholique?

Préparez-vous donc, mes amis, à ouvrir largement vos bourses.

La France a donné. L'Angleterre, la Belgique, déjà gagnées à la cause par la prédication de

Mgr Lavigerie, donneront également. Tous les peuples civilisés suivront le mouvement. Haïti ne doit pas, ne peut pas rester en arrière (1).

(L'*Union*, du 16 février 1889).

---

(1) Le gouvernement a pour devoir de reprendre l'idée développée dans cet article et d'en assurer le succès. Sa participation à l'œuvre de Mgr Lavigerie, mort depuis, malheureusement, peut et doit se manifester à l'heure actuelle, au moins pécuniairement. Nous sommes en pleine paix et les *esprits sont à la paix;* il n'est possible, sous aucun prétexte, d'éluder l'exécution d'une pareille obligation. (1892).

RÊVE ET RÉALITÉ (1).

C'est, en vérité, une bien rude besogne que celle du journaliste en Haïti. Pour peu que l'on prenne son rôle au sérieux, que l'on s'attache à des idées élevées, que l'on s'applique à combattre les abus, — tous les intérêts, tous les appétits qui trouvent leur satisfaction dans ces abus, s'y alimentent journellement, se redressent, s'arment, entrent en lutte contre l'importun, l'intrus qui ose fourrer son nez là où il n'a que faire.

La belle illusion vraiment que de s'imaginer qu'on puisse changer quoi que ce soit à ce qui est. Aux yeux des hommes pratiques, expérimentés, connaissant le fond des choses, vous passez pour un naïf, un niais, un esprit se repaissant d'idéal auquel manque la notion exacte du réel.

Ecoutez-les parler, ces hommes expérimentés : Oh ! oui, vous écrivez de belles choses, de très belles choses que nous sommes les premiers à admirer. Mais ce que vous demandez est parfaitement irréa-

(1) Paru dans l'*Union* du 10 janvier 1880 sous ce titre : *Petite chronique*.

lisable. Votre désir plane trop haut. Coupez-lui les ailes de façon à le ramener sur terre. Le contact de la réalité le meurtrira au point de lui ôter toute envie de se montrer encore. Non, nous sommes trop loin de compte. Entre le « pays tel qu'il est » et le « pays tel qu'il devrait être » il y a un abîme. Voyez-le plutôt tel qu'il est.....

Mais, grands dieux ! où prenez-vous que nous sommes des rêveurs, des idéologues se plaisant à bâtir des « châteaux en Espagne », s'obstinant à ne pas envisager les difficultés de la pratique, créant une Haïti idéale où les choses seraient pour le mieux, comme dans le meilleur des pays de Cocagne. L'illusion vraiment est de votre côté et cela vaut la peine de s'expliquer une minute.

*
* *

Notre dernier président a travaillé pendant dix ans, vous le savez comme nous, à désorganiser ce pays. Il a intronisé et favorisé jusqu'au bout la pratique de la concussion dans les mœurs administratives. Cela lui était nécessaire, n'étant pas de ceux qui inspirent personnellement du dévoûment, de l'attachement. Il lui fallait prendre et retenir les hommes par l'intérêt. En quoi, du reste, il excellait.

Plaire au président, l'aduler, caresser, servir ses

passions, sa haine plutôt (car la haine fut sa vraie passion), se mettre dans ses mains, devenir sa chose, l'instrument de sa fantaisie, c'était là l'unique titre à l'obtention de ses faveurs.

Le mérite individuel, l'intelligence des affaires, la capacité intellectuelle, la moralité, l'amour de son pays, tout cela ne comptait plus.

Le vieux despote devant qui fléchissaient, — comme des roseaux sous le vent, — toute une légion de serviteurs, n'aimait pas rencontrer une nature élevée, un caractère ferme. Quand un citoyen, jaloux de sa dignité personnelle, osait se tenir à l'écart, évitant de se mêler à la foule des adulateurs, des persécutions, des vexations l'atteignaient qui, troublant sa vie, ruinant ses intérêts et ceux de sa famille, avaient le plus souvent pour effet de le mettre à la merci du persécuteur. On vit au jour le jour en Haïti. L'épargne y est inconnue. Presque personne n'a de rentes. Que voulez-vous que fasse un père de famille menacé de la colère d'un tyran ? Il se courbera, se pliera au caprice de ce tyran.

De sorte que Salomon parvint à ramener à peu près tout le monde au même degré d'abaissement, à niveler les caractères, à détruire dans les âmes la fierté, le courage, le sentiment de la dignité personnelle et, partant, le respect de soi-même. Si, à cette époque, il y avait à étiqueter la société haïtienne, comme s'étiquètent les pièces d'un musée, il eût fallu mettre sur le papier : *immoralité, bassesse, adulation, platitude.*

L'égalité était faite, mais c'était l'égalité dans la honte et l'ignominie.

*
* *

Un jour cependant la poigne du vieux corrupteur s'affaiblit. Les éléments qu'il tenait assemblés, dans une forte cohésion, se dissocièrent. Chacun d'eux, à ce moment, étala sa pourriture au grand jour. On mit de côté les apparences hypocrites et les ambitions, les cupidités s'affichèrent avec un cynisme révoltant.

Les choses n'étaient plus d'avance réglées, coordonnées par un habile metteur en scène. Les ministres dirent crûment leur fait aux députés dont quelques-uns, trop cruellement cinglés, leur jetèrent à la tête toutes leurs vilenies..... Le linge sale se lavait en public. La maladie, après avoir décomposé le sang, se manifestait sur la peau.

Le peuple alors, le vrai peuple, qui voyait de loin ces horreurs — et en souffrait — se souleva, indigné, et jeta dehors l'homme dont la présence au pouvoir favorisait de si criantes turpitudes.

Ce déblaiement effectué, restait à opérer le même

travail dans l'ordre moral. Il fallait écarter des affaires ces individus qui, la veille encore, s'acharnaient à la curée, et se retrouvaient là, prêts pour une nouvelle bombance.

L'entreprise était, certes, difficile. Les hommes manquaient. Le meilleur ouvrier reste impuissant quand les instruments lui font défaut. Il y avait pourtant place pour une tentative sérieuse d'épuration. Elle ne fut pas faite.

Les événements prirent la tournure déplorable que l'on sait et nous voilà en face d'une situation des plus difficiles, situation qui éveille un sentiment d'infinie tristesse chez les citoyens qu'intéressent encore les destinées d'Haïti.

*
* *

Et bien! devant la désolante constatation de nos plaies sociales; en présence du scepticisme des uns, du découragement des autres, de la cupidité de ceux-ci, de l'impuissance de ceux-là, qu'y a-t-il à faire pour le journaliste qui parle au public et se sait quelque peu écouté de lui?

Se déclarer vaincu et jeter le manche après la cognée;

Ou bien combattre, lutter encore, travailler du mieux possible à la reconstitution des forces perdues, chercher la bonne volonté là où elle est et lui venir en aide, l'encourageant de la parole, facilitant, par une prédication soutenue, son action patriotique?

Cette dernière ligne de conduite nous semble toute tracée à ceux en qui ne s'est pas éteinte la dernière parcelle de foi, qui, en un coin d'eux-mêmes, recèlent un dernier espoir de relèvement.

Si ceux-là se taisent, laissant faire la meute des affamés et des jouisseurs, où donc l'homme bien intentionné, qui rêve le bien sans encore le pouvoir réaliser, trouvera-t-il un point d'appui? Gagné à son tour par le découragement, il lâchera la barre et laissera la barque s'en aller à la dérive. Soyez certain qu'elle ne dérivera pas vers la région du bien. Le courant l'emporte ailleurs.

Si donc nous nous obstinons à écrire dans nos journaux, à faire entendre des accents qui étonnent et effarouchent un peu les gens habitués à vivre dans la préoccupation exclusive de leurs intérêts matériels et privés, ce n'est pas, croyez-le bien, ô sermonneurs remplis d'expérience, qu'il nous manque la notion vraie des difficultés et des nécessités de la pratique, c'est que plutôt, en raison même de l'affaissement général du sentiment national, nous éprouvons le besoin de donner une note qui rappelle, quelquefois, l'intérêt supérieur de la patrie, trop négligé de nous tous.

Nous ne sommes pas sceptique....., mais nous n'avons pas non plus la foi naïve des enfants qui s'imaginent pouvoir tenir la lune qu'on leur promet. L'énergie humaine, bien employée, obtient toujours des résultats satisfaisants, mais les changements à vue ne s'opèrent qu'au théâtre. Dans la vie il faut une longue suite d'efforts et de peines pour réaliser quelque bien. Nous ne nous déclarons pas satisfait de ce qui est, croyant à une amélioration possible; ceux qui le sont nous font assez l'effet d'Arlequin qui, tombant un jour du haut d'un clocher (c'est Paul-Louis qui raconte cela), se trouvait très heureux en l'air..... avant d'avoir touché le pavé (1).

(L'*Union*, du 19 janvier 1889).

---

(1) *P. S.* — La bourrasque est passée. La paix, revenue dans le pays depuis trois années, s'y est maintenue et a permis d'y introduire quelques améliorations que l'on espère voir s'étendre, bientôt suivies d'une série d'autres. Une jeunesse studieuse, pleine de bonnes intentions et de sentiments patriotiques, s'élève et se prépare pour les tâches de l'avenir, pour le grand travail du relèvement national. Des sociétés littéraires, scientifiques et artistiques se fondent. Un souffle d'espérance s'est levé et a passé sur les âmes. Il y a jeté, il semble, quelques germes qui se développeront et porteront fruit. L'apaisement se fait dans les esprits; l'oubli commence aussi à se faire sur les luttes

fratricides d'hier dont tout le monde craint et s'efforce de conjurer le retour. Une politique d'union et de rapprochement s'est substituée à la politique de division et de discorde qui avait fait irruption dans le pays, pendant ces dernières années. Les distinctions et les rivalités de partis s'effacent; l'opposition entre les classes s'atténue et disparaît. Puisse donc la reconstruction des forces nationales, le rétablissement du patriotisme dans les cœurs, de la volonté dans les esprits, du courage et de la foi dans les âmes s'effectuer complétement et notre chère et pauvre Haïti continuer son existence dans la paix et le travail, sous le rayonnement de son beau soleil dont la lumière ne se mêlera plus aux flaques de sang de ses enfants, mais s'étendra sur ses cités florissantes et sur ses vastes plaines, verdissantes et prospères! Que je voudrais, comme Paul-Louis Courrier dont le nom est écrit plus haut, pouvoir m'écrier : *Maintenant le char en plaine roule*. . . . . (*). Mais, hélas! il faut bien reconnaître que nous sommes encore

Dans le chemin montant, sablonneux, malaisé,

où se trouvait engagé le Coche de La Fontaine. Ne perdons pas courage, nous arriverons au haut de la côte.

Travaillons, prenons de la peine,
C'est le fonds qui manque le moins.

Le bonhomme avait véritablement du bon, mes amis, écoutons ses avis. (Octobre 1892).

(*) *Pamphlet des pamphlets — in fine.*

QUATRIÈME PARTIE

M. B. LALLEMAND.

Au moment où se préparaient les événements du 10 août, le matin même, de nombreux amis que n'avaient pas effrayés les dispositions militaires prises par l'autorité, rendaient les derniers devoirs à l'honorable doyen du tribunal de cassation, M. B. Lallemand qui, la veille, s'était éteint presque subitement, après seulement trois jours de maladie.

Le sort a voulu que la disparition d'un homme de bien, aimé et respecté de tous, se rencontrât presque avec celle d'un grand criminel parti, lui, chargé du mépris et de l'aversion de ses concitoyens. — Il y a de ces coïncidences dans la vie.

Nous voudrions donner ici quelques détails sur la vie de l'honorable magistrat, indiquer les diverses étapes de sa carrière publique, les services qu'il a rendus au pays; c'est un soin dont nous nous acquitterons plus tard.

Nous nous bornons, aujourd'hui, à reproduire les paroles d'adieu qu'a prononcées devant sa tombe, au nom de l' « École libre de droit », Me Justin Dévot, l'un des directeurs de cet établissement.

Me Fils-Aimé Édouard, du barreau de Port-au-Prince et M. J. Courtois, juge au tribunal de cassation, ont aussi rendu hommage, dans un langage élevé, aux qualités qui désignaient M. Lallemand à l'estime respectueuse de ses compatriotes.

Voici les paroles de M. Justin Dévot :

« Au nom de « l'École libre de droit », à la fondation de laquelle il a largement contribué et dont il présidait le « conseil de discipline et d'administration », j'apporte ici ce mot d'adieu à M. B. Lallemand, doyen du tribunal de cassation de la République.

Il est bien aisé, Messieurs, à la première étape de la vie, quand l'expérience, de sa rude et lourde main, n'a pas encore secoué les croyances et les illusions, il est bien aisé de croire au bien, d'en rêver et même de travailler à en assurer le triomphe. Mais quelle vigoureuse foi au progrès, quel cœur tout plein d'une large et débordante sympathie ne faut-il pas porter en soi pour aider, déjà rempli d'années, à la poussée des jeunes vers l'idéal, concourir avec eux à la préparation d'un état social meilleur.

Cette foi, cette sympathie, tous ces sentiments par où s'élève et s'élargit, en quelque sorte, l'âme humaine, M. Lallemand les eut à un degré remarquable, car ce fut avec des paroles de plein encouragement, chargées d'une adhésion aussi vive que spontanée, qu'il accueillit ceux qui, les premiers, vinrent lui parler du projet de création de l'École libre de droit.

L'œuvre, par elle-même, était d'une réalisation difficile, nécessitant, pour être menée à bien, des efforts constants, une bonne volonté toujours en éveil, prête à se heurter, pour essayer de les tourner ou de les vaincre, aux difficultés, aux obstacles que, certes, ne pouvait manquer de prévoir un homme comme M. Lallemand, éclairé des lumières de l'expérience, ayant mesuré la force de résistance passive du milieu où il avait évolué.

Et puis, le souvenir de l'année 1860 où s'était tristement engloutie une tentative faite dans le même sens, sous Geffrard, n'était-il pas là, en manière d'avertissement?

L'honorable et digne Président du tribunal de cassation ne se montra pourtant pas sceptique. Il apporta le concours de ses conseils, il paya de sa personne, il fournit, chose précieuse, l'appui du haut prestige que lui avait donné une longue pratique judiciaire où éclatèrent, dans leur lumineuse beauté, les solides vertus du magistrat, et, ainsi patronné, sous l'égide d'une telle personnalité à côté de laquelle apparurent d'autres, tout aussi respectables et élevées, le projet prit corps, se couvrit de l'approbation générale et ne tarda pas à entrer définitivement dans l'ordre des réalités.

Il y eut ainsi à Port-au-Prince, en l'année 1887, une enceinte, peu riche assurément, de simple et modeste apparence, où l'on apprit à de jeunes Haïtiens ce que c'est que le droit, la justice, la liberté....., choses saintes qui forment le fondement de la dignité humaine et vers lesquelles l'homme doit marcher, comme le soldat marche au canon.

Ah! Messieurs, à un moment où toute élévation du cœur paraît ridicule, hors de saison, où la notion du devoir patriotique s'infléchit de plus en plus dans les consciences, où les aspirations les plus hautes, les plus généreuses et fortifiantes pensées viennent se briser contre l'amer désenchantement des esprits, la décourageante lassitude de ceux qui, ouvriers d'hier, s'épuisèrent inutilement à la tâche, se voyant arracher, jour par jour, heure par heure, des lambeaux de foi et de courage, à un pareil moment il convient de saluer bien bas le vieillard qui eut, malgré tout, en dépit du spectacle des avilissements et des cupidités déchaînées, le culte de la justice, l'amour de son pays, l'espoir de sa rédemption future. »

(L'*Union*, du 24 août 1888).

A. LARA-MIOT.

Ses funérailles.

Sursum corda! C'est bien le moment de le pousser, ce cri des belles âmes en lutte avec la vulgarité, la mesquinerie, la bassesse, la cupidité, toutes ces choses qui grouillent et fermentent dans les régions basses de l'âme humaine! Non! Les grands espoirs, les perspectives rassurantes, les vastes horizons ne sont pas à jamais fermés, évanouis, anéantis!

Le spectacle d'hier suffit à le démontrer. Lara n'était qu'un simple citoyen, isolé, modeste, sans grande apparence, n'ayant pour toute arme que sa plume, pour tout soutien que son amour du pays et de la liberté.

Cela a suffi.

Il a été une puissance, une puissance redoutable devant laquelle a plié le despotisme triomphant et superbe.

Il a forcé le pouvoir — un pouvoir prétendu fort — à s'abaisser devant lui, à rechercher son appui et — repoussé avec fermeté — à respecter sa fierté et son indépendance.

Aussi, avec quel patriotique empressement, quelle pieuse reconnaissance, tous ceux qui ont encore un peu de foi, tous ceux qui regardent l'avenir avec quelque confiance, tous les serviteurs de l'idée en Haïti, se sont assemblés autour du cercueil de Lara pour lui rendre ce magnifique hommage, plus magnifique, plus éclatant en vérité dans son ardente sincérité, que les pompeuses manifestations faites aux souverains.

L'enseignement qui ressort de ces funérailles et qu'il faut retenir : c'est que l'œuvre de décomposition sociale entreprise et systématiquement conduite par Salomon est vouée à un complet avortement.

Le vrai, le beau, le bien ont encore des adeptes dans ce pays, qu'on pouvait croire gangrené jusqu'à la moëlle.

Ils ne sont pas bien nombreux, hélas! mais le nombre s'en accroîtra de jour en jour et, dans un avenir donné, ils seront légion.

Ce jour là, les patriotes pourront pousser le cri suprême de délivrance : *Haïti est sauvée!*

Mais souhaitons que la patrie n'oublie jamais les combattants de la première heure, ouvriers qui auront eu à charge la partie la plus épineuse de la besogne et parmi lesquels brillera, avec un pur rayonnement, la figure de Lara-Miot...

(L'*Union*, du 7 septembre 1888).

EUGÈNE MARGRON.

Paroles prononcées par M. Justin Dévot, avocat du barreau de Port-au-Prince, ancien directeur de « l'Ecole libre de droit » devant la tombe de M. Eugène Margron, à l'issue de la messe chantée pour le repos de son âme le mercredi 10 du courant.

Messieurs,

Le groupe d'amis d'Eugène Margron qui a pris l'initiative de cette cérémonie religieuse, de ce pieux hommage rendu à sa mémoire, m'a fait l'honneur de me comprendre parmi ceux qu'il a chargés de déposer une couronne sur sa tombe — en témoignage de nos douloureux regrets, de notre profonde estime pour le patriote disparu.

Ce choix m'impose le devoir — devoir enviable — d'ajouter un mot d'adieu à ceux qui ont été déjà prononcés sur cette tombe.

Nous devons, Messieurs, un salut — un salut et un remerciement à Eugène Margron.

Nous devons nous découvrir et nous incliner devant l'honnête homme, devant le citoyen vertueux qui s'en est allé tranquillement, modestement comme il avait vécu, et que de vrais amis ont accompagné ici avec une douleur recueillie, sans éclat, sans le pompeux appareil qu'on se plaît à déployer pour les grands de ce monde — grands aux yeux du monde, mais petits, souvent, devant la postérité et devant l'histoire.

Nous devons, en outre, un remerciement au patriote qui nous a donné le spectacle, l'exemple d'une vie toute entière dépensée au service des nobles et hautes idées par lesquelles les peuples s'élèvent ou se régénèrent.

C'est le moment, Messieurs, de former le souhait, pour notre pauvre patrie, pour la nouvelle génération, que Haïti ne manque jamais de serviteurs pareils à Margron, qu'elle ait toujours de pareils caractères à nous mettre sous les yeux afin que la jeunesse haïtienne n'en soit pas réduite, pour donner satisfaction au besoin d'aimer et d'admirer qu'elle porte en elle, à venir dans la solitude des cimetières évoquer et faire revivre en sa mémoire les hommes qui, comme Eugène Margron, passèrent, dans la plénitude de leur honnêteté et de leur dignité, hauts dans leur patriotisme, à travers les vicissitudes de notre vie politique si troublée, si déconcertante, si décourageante aussi, — malheureusement.

(*Le Commerce*, du 12 décembre 1892).

Le mercredi 10 de ce mois, une messe a été chantée à la cathédrale en l'honneur d'Eugène Margron, l'honorable et grand citoyen que le pays a eu la douleur de perdre le mois dernier. Après la messe on s'est rendu au cimetière où une couronne a été déposée sur la tombe de l'illustre Jérémien. Puis MM. L.-C. Lhérisson, Justin Dévot et J.-N. Léger ont successivement pris la parole pour rendre hommage aux hautes qualités de Margron.

Tout cela s'est fait simplement, discrètement, sans grand apprêt, avec calme et recueillement, comme l'eût désiré Margron lui-même qui se distinguait par une modestie à toute épreuve et dont le caractère s'alarmait des manifestations trop bruyantes, trop éclatantes. Seulement il se rencontrait là, dans ce petit groupe de personnes réunies autour d'une tombe pour l'accomplissement d'un devoir dicté par le cœur, ce que les plus riches et les plus puissants eussent secrètement envié à Margron : la sincérité dans l'éloge et dans l'admiration. La cérémonie achevée, on s'est séparé, en silence, emportant l'impression réconfortante que donnent les spectacles sains et élevés.

(La *Voix du Peuple*, du 16 décembre 1890).

LOUIS SEGUY-VILLEVALEIX.

Discours prononcé le 17 juillet 1891, au « cimetière extérieur » de Port-au-Prince, à la cérémonie d'inauguration du monument élevé à sa mémoire par ses anciens élèves.

Mesdames,
Messieurs,

C'est à moi que revient l'honneur de vous parler aujourd'hui de Louis Seguy-Villevaleix et de son œuvre, de faire ressortir à vos yeux les grandes qualités de l'homme comme les conséquences heureuses et bienfaisantes de l'œuvre. Je suis redevable de cet honneur à la bienveillance et à la sympathique considération de mes anciens condisciples, membres comme moi du comité chargé de faire exécuter et ériger le monument que nous inaugurons en ce moment.

En m'élevant à la présidence de ce comité et, du même coup, à celle de l'association même des anciens élèves de l' « École Polymathique », ils ont mis à ma charge un devoir dont je viens m'acquitter avec un plaisir bien naturel et une bien légitime satisfaction : celui de vous faire connaître, dans leur persistante vivacité, les sentiments de vénération et d'infinie reconnaissance que chacun des membres de l'association porte en soi pour notre ancien directeur; celui aussi de faire revivre devant vous, sous ses aspects les plus élevés et les mieux accusés, la lumineuse physionomie de feu Louis Seguy-Villevaleix, en essayant de dégager, de l'ensemble des faits par lesquels s'est traduite son activité parmi nous, quelques traits de conduite propres à mettre en relief et à vous bien faire saisir, pour ainsi dire sur le vif, la noblesse de son cœur, l'élévation de son esprit, l'énergie de son caractère, sa profonde humanité, toutes ces hautes et belles qualités qui s'étaient réunies et alliées dans son âme pour en élargir les proportions, en éclairer toutes les parties et rendre plus efficace, plus ineffaçable son influence sur les jeunes gens confiés à l'École.

Vous vous rendrez aisément compte, Mesdames et Messieurs, de la nature et de l'intensité de notre affection pour notre ancien maître en apprenant avec quel empressement significatif et quel élan d'enthousiasme tout spontané et sincère les anciens Polymathiciens sont accourus au premier appel, au plus léger signe qui leur a été fait pour les assembler et leur faire la proposition de s'associer et de contribuer, entre eux, à l'élévation de ce monument, destiné à perpétuer la mémoire de leur directeur décédé et à attester aux générations futures à quel point il sut mériter et obtenir l'amour, la vénération, la gratitude de ses élèves. Il avait suffi de nommer Louis Seguy-Villevaleix et l'on était accouru en grande hâte, se pressant, anxieux d'être fidèle au rendez-vous, apportant, à qui mieux mieux, une vive et chaleureuse adhésion. Le cri de ralliement avait eu la force attractive de l'aimant sur tous ces anciens condisciples que la vie active avait saisis et éparpillés dans des directions et des occupations diverses. Ils s'étaient tous rencontrés là, heureux de se retrouver, se faisant mutuellement fête et constatant, avec bonheur, la force d'union et de rapprochement d'un grand sentiment commun. La souscription eut un plein succès, ne trouvant devant elle aucune bourse fermée, si petite fût-elle.

Et nous voilà tous encore assemblés aujourd'hui, mes chers camarades, dans une solennité à travers laquelle circule, vivifiante et forte, la pensée du maître disparu, venant déposer des bouquets sur son tombeau, heureux et fiers à la fois de cette large participation du public à notre hommage, car elle prouve que nos regrets ne sont pas isolés, que notre admiration ne nous est pas personnelle, que ces sentiments dépassent le cercle de notre association et se retrouvent dans la société Port-au-Princienne où Louis Seguy-Villevaleix compte de nombreux amis, de judicieux admirateurs sachant apprécier, comme ses anciens élèves et les anciens professeurs de son école, la féconde, utile et dure carrière si courageusement parcourue par lui en ce pays.

Cette carrière de l'enseignement est en effet l'une des plus élevées et des plus efficaces, au point de vue social, que l'homme puisse embrasser; une de celles où il lui est le plus aisément permis de faire fructifier les solides vertus du citoyen. On s'y voue à la préparation, pour les tâches futures, des nouvelles générations appelées à succéder aux anciennes déjà fatiguées et usées par un long et penible labeur. On s'y dévoue à la société et à la patrie, leur assurant des éléments de prospérité matérielle et de grandeur morale. De même l'homme des champs, en labourant la terre, en lui confiant les germes d'une production abondante et sûre, prépare pour l'avenir de riches et brillantes récoltes.

Mais en revanche, Mesdames et Messieurs, de quelles pesantes difficultés sans cesse renaissantes à mesure qu'on les écarte; de quels ennuis rebutants; de quelles fatigues accablantes, dévoratrices des forces du corps et de l'esprit, cette carrière n'est-elle pas parsemée?

Oh! questionnez-les à ce sujet, ces dignes et modestes instituteurs qui travaillent à dissiper la première et profonde ignorance du jeune âge. Questionnez-les, ces maîtres de l'enseignement secondaire s'efforçant à fortifier, en l'assouplissant, l'intelligence débile des adolescents pour la rendre propre à recevoir et à garder les semences de science, de vérité qu'ils y déposent chaque jour. Demandez aux maîtres de l'enseignement supérieur quelles inquiétudes, quelles angoisses même ils éprouvent souvent en pensant au sort de leurs leçons confié à la bonne volonté et à la bonne foi de leurs auditeurs. Consultez tous ceux qui, à un titre quelconque, s occupent de ces intéressantes et fertiles questions, d'une portée sociale si considérable, se rattachant à l'enseignement et à l'éducation de la jeunesse, depuis l'humble maître d'études jusqu'au ministre chargé de diriger le grand service national de l'instruction publique — et vous verrez, par leurs réponses, quelle prodigieuse somme d'efforts, de courage, de volonté bien armée pour la lutte et aussi quelle quantité d'humanité il faut être disposé à dépenser pour assumer sur sa tête l'écrasante charge, l'accablante responsabilité d'enseigner la jeunesse en Haïti. Il faut avoir, vous diront-ils, la force d'âme nécessaire, l'inépuisable charité de se donner et de se dépenser tout entier, sans réserve, à l'accomplissement de son œuvre.

Ainsi fit, Mesdames et Messieurs, Louis Seguy-Villevalcix et c'est pourquoi, au nom de ses anciens élèves ici réunis, je me permets de le poser et de le citer en modèle des directeurs d'école — aimant sa profession et l'exerçant à la perfection, se recommandant par là au respect, à l'estime, à l'admiration de la jeunesse haïtienne toute entière.

Je suis tranquille sur ce point. Nos jeunes gens, j'en suis certain, ne sont guère enclins à marchander les sentiments de cette nature à qui les mérite. Leurs hommages ne feront pas défaut au fondateur de l'Ecole Polymathique. La jeunesse vit d'idéal, d'enthousiasme, de foi ; elle s'abreuve volontiers aux sources pures ; elle aime à regarder les cimes, tournant en même temps ses regards vers les cieux et son cœur vers les hauts sentiments. Son âme est faite pour abriter tout ce qui est imprégné de clarté, de vérité, de noblesse et de grandeur. Le beau lui agrée sous toutes ses formes et jamais elle n'en détourne volontairement la face. Elle souffre au contraire, cette jeunesse, et se désespère lorsque, regardant autour d'elle et cherchant des objets dignes de son enthousiasme et de ses généreuses ardeurs, elle ne trouve que ruines, souffrances, laideurs, plates réalités, toutes ces choses où se ramasse et se reflète la précoce décrépitude d'une nation qui s'abandonne et se traîne lamentablement à sa fin, se souillant en passant à toutes les fanges du chemin. La jeunesse, Mesdames et Messieurs, n'entre en joie que lorsque, sous le souffle d'idées fortes, saines et généreuses, son âme s'épanouit et se peut complaire à de belles espérances. Il lui faut de beaux actes à applaudir et de grands hommes à admirer. Malheur donc aux pays où rien, ni hommes ni choses, ne se rencontre pour alimenter ce besoin primordial et essentiel de la jeunesse ! Ils sont par là atteints à la source même de la vie.

Pour préserver le nôtre de ce malheur il convient d'honorer et de rehausser dans l'estime publique tous ceux qui, avec dignité et conscience, accomplissent un devoir social. Le maître d'école infatigable et zélé, le professeur appliqué et plein de bonne volonté, le magistrat intègre, le prêtre qui gagne à la charité les âmes aigries par la souffrance et les soustrait à l'empire de la haine et de l'envie, faisant œuvre d'apaisement dans la société, tous et bien d'autres encore, quelle que soit l'humilité de leur position, méritent nos respects et nos sympathies. Prodiguons-les leur pour que la jeunesse ne passe pas à côté d'eux, méprisante, indifférente ou distraite, car ce n'est pas seulement l'éclat et la magnificence des choses qu'il faut l'habituer à voir mais aussi les aspects les plus modestes et les plus ternes du vrai et du bien.

C'est ici le moment, Mesdames et Messieurs, de rappeler quelques traits de la vie de Louis Seguy-Villevaleix qui expliquent et justifient ce grand amour que nous lui avions tous voué et qui, depuis sa mort, s'est changé en vénération pour sa mémoire. Mes souvenirs à cet égard sont très exacts et très précis, mais ils remontent et se rattachent malheureusement à une époque où le pays, en proie à l'une de ces douloureuses convulsions qui lui sont propres, souffrait et gémissait, couvert de ruines, de sang et de flammes d'une extrémité à l'autre.

C'était en l'année 1867 vers la fin..... Quelqu'un, un ami de ma famille, vint un jour, tout courant, me prendre à l'école pour me ramener à mes parents. Les élèves, du reste, partaient tous en grande hâte, les petits accompagnés d'un envoyé de leur famille. Dans la rue des gens allaient, venaient, précipitant le pas, l'air effaré, l'allure inquiète et mal assurée. Une rumeur surgissait de cette foule en mouvement où se distinguaient les mots : *chambre, députés, volontaires, Victorin*. On m'apprit plus tard que la Chambre des députés avait été ce jour là violemment envahie et jetée dehors; que la force, suivant une expression énergique et vivement imagée, avait pris le Droit au collet et l'avait terrassé. Cet acte de brutalité et d'illégalité fut, il vous en souvient bien, le signal d'une guerre civile qui sévit dans le pays, le dévastant et le désorganisant, pendant près de deux ans. Les troupes révolutionnaires investirent Port-au-Prince à bref délai, et la capitale, ainsi séparée du reste du pays, vécut de longs mois dans l'isolement et des transes perpétuelles. Toutes les écoles naturellement se virent forcées de fermer leurs portes. L'école Polymathique ne put échapper à cette dure nécessité. Louis Seguy-Villevaleix vit avec tristesse partir ses élèves pour un temps dont on ne pouvait calculer la durée — pas tous cependant, car il y avait là un assez grand nombre de jeunes gens venus de province, attirés par la bonne renommée de l'établissement, et que personne ne réclamait, leurs correspondants habituels ayant déjà trop à faire de s'occuper d'eux-mêmes et des leurs au milieu des embarras, des ennuis et des périlleuses difficultés d'un siège. Louis Seguy-Villevaleix, Mesdames et Messieurs, livré lui-même aux mêmes embarras, aux mêmes difficultés, aux mêmes périls, ne balança cependant pas un seul instant. Il vit son devoir, non plus un devoir strict de directeur d'école, mais un devoir d'homme humain, généreux, bienfaisant, et il l'accomplit simplement et décidément comme il faisait toutes choses. Il garda ces jeunes gens, pourvut à leur entretien matériel, tout en leur continuant son patronage moral et intellectuel; en un mot il les eut complétement à sa charge comme un père ses enfants, ne recevant en retour de ses soins et de ses débours aucune rémunération pécuniaire. Fut-il même plus tard indemnisé par les familles ainsi secourues? Je ne le crois pas (1). Car notez que, pendant cette longue et violente période de luttes fratricides, toutes les villes avaient été le théâtre d'événements sanglants, effroyablement destructeurs : elles avaient été prises, reprises par les forces en conflit, pillées, saccagées, brûlées de fond en comble (je parle surtout des villes du sud d'où étaient issus la majeure partie de ces jeunes gens). Les familles elles-mêmes pourchassées de ville en ville, sans assiette fixe, avaient vu leur patrimoine livré à l'avide cupidité de combattants sans entrailles. Au lendemain de ces terribles catastrophes elles se retrouvaient sans ressources, appauvries, ruinées radicalement. Comment acquitter leur dette envers l'homme qui s'était montré si dévoué, si bon, si paternel pour leurs fils? Hélas! elles n'eurent que leur gratitude à lui offrir. C'est une monnaie peu enrichissante mais qui allait à la nature élevée et au noble cœur de Seguy-Villevaleix. Il s'en contenta

---

(1) On peut affirmer, d'après des témoignages sûrs, qu'il ne l'a pas été. Il refusa d'accepter les bijoux et autres objets en nature qui lui furent apportés par les familles appauvries et offerts en paiement.

et poursuivit courageusement, un peu attristé cependant et comme accablé du spectacle de tant de malheurs publics et privés, l'œuvre de civilisation et de haute utilité sociale à laquelle son nom reste attaché.

Avec des jours moins sombres ses élèves lui revinrent, toujours fidèles, respectueux et aimants. Ainsi le printemps ramène au climat natal, des rives lointaines où l'avait chassé la bise aiguë de novembre, le frêle oiseau migrateur, amoureux du soleil et des vertes frondaisons.

Je retournai aussi à l'école où je repris ma place et sur les bancs et dans l'affection du directeur. Mais les classes se trouvaient désorganisées; le cadre du personnel enseignant était rompu. Il fallait tout reconstituer, remettre les choses sur pied, en état de bien marcher.

Ah! Messieurs, commencer une belle œuvre; s'y adonner corps et âme; la conduire à ce point de succès et de développement où, les obstacles étant vaincus, on est en droit de cueillir les lauriers du triomphe et de s'y reposer presque et la voir, tout d'un coup, péricliter sous ses yeux, affaiblie et affaissée, par l'effet de circonstances plus fortes que la volonté et l'énergie individuelles, dites, est-il une douleur, est-il une déception comparable à celle-là?

Ce fut pourtant la douleur, ce fut la déception que la politique — la cruelle politique, impitoyable et sans cœur, génératrice des conflits et des discordes intestines — infligea à Louis Seguy-Villevaleix et n'avait été son caractère doué, je vous l'ai dit, d'une énergie sans bornes, tout était perdu.

Après la tourmente, l'École, comme le pays lui-même, se relevèrent quelque peu et je ne cacherai pas la satisfaction que j'éprouve à signaler cette liaison entre le sort de l'une et celui de l'autre. J'en prends occasion pour vous dire quelques mots des sentiments patriotiques de Louis Seguy, tout en rappelant un épisode intéressant de notre vie scolaire (1).

Mesdames et Messieurs, une coutume, une tradition touchante et bien chère à nous tous s'était formée et perpétuée dans l'École. C'était l'usage, fidèlement observé par les élèves et les professeurs, de souhaiter sa fête au directeur. Cette fête tombait le 25 août, à la Saint-Louis, et le comité regrette bien de n'avoir pu faire coïncider la cérémonie de ce

---

(1) Villevaleix était Français. Je l'avais pour ma part toujours cru Haïtien, tant était sûr et profond son attachement à Haïti. Notre pays lui était une patrie et la nature de ses sentiments pour lui se caractérise exactement par le mot *patriotique* — que je n'efface point.

jour avec cet anniversaire, coïncidence qui nous eût peut-être donné l'illusion de Louis Seguy-Villevaleix vivant parmi nous et nous regardant, comme jadis, de ses yeux expressifs, où l'énergie s'alliait à la bonté.

Bien des jours avant le 25 on faisait en grand mystère les préparatifs nécessaires. Une souscription s'ouvrait parmi les elèves, on achetait un cadeau, aussi joli que possible, et un discours se composait pour l'expression de nos souhaits. Ce discours, soigneusement revu du reste par le professeur de belles-lettres, était attribué à l'un des élèves les plus remarquables de la 1re classe (qui s'appelait la 4me) lequel le débitait avec grande émotion, en remettant un bouquet de fraiches et jolies fleurs plus brillantes assurément que celles du discours, mais non pas plus vraies ni plus simplement éloquentes. Le directeur (il s'y attendait bien, puisque c'était chaque année la même chose) jouait un peu la surprise, manifestait sa joie, son vif plaisir, nous octroyait un congé et, invariablement, nous invitait pour un ou deux jours après à une petite collation. Il fêtait ses élèves après avoir été par eux fêté.

Après les terribles temps que je vous ai rappelés et où se couvrit de misère et de sang la terre d'Haïti, nous reprimes les us et coutumes de nos devanciers. Les préparatifs de la fête se firent comme à l'ordinaire et, l'heure venue, la sonnerie éclatante et claire de la petite cloche du réfectoire, nous appela dans la cour de récréation pour le cérémonial d'usage. Le directeur, comme autrefois, vint nous trouver; mais il n'était plus gai et souriant. La physionomie s'était revêtue de gravité. Il nous rappela les malheurs récents de la patrie et nous dit que le moment n'était pas venu encore de se livrer à la joie. Là-dessus il nous fit rentrer dans nos classes, déconcertés et tristes. L'élève chargé du discours monta le trouver cependant à son cabinet, portant le bouquet, et lui fit nos compliments de bonne fête. Et lui, touché de cette persistance, nous renouvela son invitation accoutumée.

Les choses eurent donc lieu, quand même. La force de l'habitude eut raison des circonstances; la tradition ne fut pas brisée; mais l'élan et la juvénile gaîté des années de paix et de prospérité ne se retrouvèrent plus dans cette fête. C'est que le malheur avait passé par là. La guerre civile, dévastatrice et barbare, avait jeté un crêpe sur nos bruyantes effusions d'autrefois et en avait assourdi les éclats. Vous l'avez sans doute vous-mêmes plus d'une fois constaté, Mesdames et Messieurs, quand le bonheur reparaît, sous une forme quelconque, dans une maison visitée par le malheur, il n'a plus qu'un sourire pâle, décoloré, mélancolique, une attitude effacée et comme gênée, bien différente de la tenue fière et assurée et de l'allure triomphante des jours véritablement heureux. Il a l'air d'un étranger qui ne se sent pas à sa place, se trouve mal à l'aise, retient ses expansions ayant peur d'être chassé pour une parole trop haute, un geste trop accusé. Ainsi également des pays trop souvent bouleversés et labourés par la guerre civile. La joie fuit loin d'eux et la tristesse, la misère, la remplace, y élisant domicile pour toujours.

Quoi qu'il en fût, nous nous rendîmes tous avec empressement, le jour suivant, à l'invitation du directeur. Il nous reçut avec cordialité, mais sans se départir de sa gravité et, au moment de boire, il nous parla..... Ce que fut ce discours je ne le saurais dire! J'en eus pour ma part comme un éblouissement. J'en reçus une impression vive et forte, très nette, dont le souvenir, après tant d'années, reste en mon esprit, vivant et ineffaçable. Louis Seguy-Villevaleix, avec une parole rapide et sûre, se mouvant sur une large étendue de clavier, dans un élan soutenu d'éloquence, avec une grande élévation de pensée et de sentiments, nous parla, nous tout jeunes gens encore mais citoyens de demain, de notre pays, de son avenir, du rôle qu'il était appelé à jouer dans le monde. Et pendant qu'il parlait, nous sentions comme un grand souffle d'enthousiasme circuler dans nos rangs.

Découragé! oh! certes, il ne l'était pas; loin de là! car il sut faire pénétrer dans nos âmes la flamme patriotique dont la sienne, à ce moment là, brûlait.

Et, parmi les expressions qui, comme en un flot rapide, se pressaient sur ses lèvres, abondantes, imagées, éloquentes et fortes, je me rappelle celle employée pour caractériser les destinées de l'Afrique et des sociétés noires, de la nôtre en particulier. Il rêvait pour nous un rôle splendide, une mission glorieuse, une attitude fière devant le monde civilisé et, dans une enlevante péroraison, il nous fit entrevoir dans l'avenir, dressé sur son continent définitivement gagné à la civilisation, « le Géant Africain »!

La vision de notre directeur était belle, grandiose, épique! Il nous indiquait du doigt un magnifique idéal, digne de tenter tous les cœurs généreux.

Combien pour notre part, et en tant que nation, nous en sommes encore loin, je n'ai pas à vous l'apprendre ni à le dire ici. Mais tournez les yeux vers l'Europe. Portez-y votre esprit, attentifs. N'y voyez-vous pas se dessiner un vaste et héroïque mouvement, emportant toutes les âmes et tous les cœurs vers cette grande terre d'Afrique, théâtre de tant de misères, de tant de souffrances, de tant d'excès inhumains dont l'effacement s'impose à la conscience de l'humanité. La croisade anti-esclavagiste s'organise et réalisera bientôt, n'en doutez pas, ses premiers résultats bientôt suivis de décisifs succès. Des éléments de progrès, à sa suite, pénétreront à flots dans cette contrée mystérieuse et y feront leur œuvre. Que sera l'Afrique au xxe siècle? Nul ne le peut dire avec certitude, mais qui oserait affirmer que le monde noir ne sera pas un jour ce « Géant civilisé » prédit par notre ancien maître.

Par tout cela, Mesdames et Messieurs, vous voyez quel généreux esprit, philosophique et humanitaire, imprégné d'idéal, bien muni pour sa profession, était Louis Seguy-Villevaleix et à quel point le sort d'Haïti lui était à cœur.

L'idéal! Il nous en inculquait l'amour dans toutes les circonstances pareilles à celles que je viens de décrire. Gardons-nous, Messieurs, voués par état aux réalités de ce monde et n'ayant pas le pouvoir de nous y arracher, gardons-nous cependant de mépriser l'idéal. C'est le ferment minuscule qui travaille et fait agir la lourde pâte humaine, la portant à de nobles et grandes entreprises; c'est la petite flamme bleue, insuffisante assurément à éclairer notre salle à manger, mais capable de réchauffer et d'illuminer l'âme et le cerveau de tout un peuple. Le marin, perdu sur la vaste mer et naviguant sans boussole, va son chemin, l'œil fixé sur un point brillant du ciel. Il n'y atteindra certes pas, mais il trouvera la terre cherchée qui se montrera clémente pour lui et pourvoiera à ses besoins. S'il avait dédaigné l'étoile, il se fût perdu dans la nuit et peut-être englouti dans l'abîme. Imitons cet exemple. Sans avoir la certitude d'atteindre jamais l'idéal rêvé, marchons-y cependant sûrs d'aboutir, chemin faisant, à de consolantes et fécondes réalités.

Pour avoir voulu, un moment, suivre dans son vol la pensée de Louis Seguy-Villevaleix, nous voilà montés bien haut, à une altitude d'où il nous faut descendre pour toucher du doigt, sur cette terre, les résultats pratiques de l'ancienne École Polymathique.

Ici j'éprouve un sentiment d'embarras et de gêne. Où puiser mes preuves? Trop d'anciens polymathiciens, presque tous, sont ici réunis pour que je songe à les donner en exemple, vous indiquant les heureux fruits de leur activité et de leur intelligence. Je craindrais de mettre à une trop rude épreuve la modestie de mes camarades. Je prendrai donc un mort. Je vous citerai Charles Lasségue, qu'une mort tragique a prématurément enlevé. O guerre civile, faut-il donc se résigner à rencontrer partout ta main sanglante et meurtrière!

Lasségue, ancien polymathicien, obéissant à une

vocation bien décidée, fonda une institution de jeunes gens aux Cayes, sa ville natale. Je m'y rencontrai avec lui en 1878. Il me fit fête, naturellement. Pensez donc! deux anciens polymathiciens qui se retrouvent..... Je voudrais bien vous donner une idée de la cordialité de son accueil mais il me faudrait pour cela le pinceau de La Fontaine décrivant la courtoisie et les aimables façons du « Rat de ville » recevant à sa table le « Rat des champs ». Vous vous rappelez les jolis vers, pimpants et frais, du fabuliste :

Autrefois le rat de ville
Invita le rat des champs
D'une façon fort civile
A des reliefs d'ortolans.
Sur un tapis de Turquie
Le couvert se trouva mis.
Je laisse à penser la vie
Que firent les deux amis.

Les trois amis, devrais-je dire, car, en même temps que moi, s'asseyait à la table de Lassègue et pouvait goûter le charme de son hospitalité Gaston Elie, ancien polymathicien aussi, mort depuis également, dans la même sombre et tragique circonstance que Lassègue. Guerre civile! guerre civile! Mais revenons.

Le ministre de l'instruction publique d'alors, présent aux Cayes à ce moment avec le Président d'Haïti, en tournée administrative, me demanda de faire avec lui l'inspection des établissements scolaires de la ville. J'accédai avec empressement à son désir. Je me rappelle l'agréable surprise que j'eus en arrivant à l'école de Lassègue. Je retrouvai là la même discipline, la même bonne tenue des élèves et des professeurs, les mêmes procédés scolaires auxquels nous avions été habitués à l'Ecole Polymathique, et aussi un niveau d'études des plus satisfaisants. Lassègue, nécessairement, avait dû plier l'organisation de son établissement au cadre plus restreint que lui fournissait la nature des choses, mais, les proportions réservées, l'élève était le digne continuateur du maître. Et, sans avoir été à même de le constater personnellement, je me crois autorisé à avancer que les anciennes et bonnes habitudes se sont maintenues jusqu'ici à l'Ecole Polymathique et que, sous la direction de M. Coupaud, notre collègue du comité mort il y a quelques mois, comme sous la direction actuelle, l'École a conservé les côtés originaux et remarquables par lesquels elle s'est toujours distinguée et s'est constitué une bonne renommée inébranlable.

J'ai fait parler les faits et ils ont été, certes, assez expressifs, assez démonstratifs pour permettre à tous de connaître, d'apprécier et finalement, d'admirer la rayonnante figure de Louis Seguy-Villevaleix.

Il porta en sa personne un grand esprit, un grand caractère, un grand cœur et c'est à cause de cela, pour son dévouement aux intérêts moraux et intellectuels de la jeunesse, pour son attachement à ses devoirs professionnels, pour son inépuisable bonté et sa forte volonté, pour le soin qu'il apportait à la culture de nos âmes, pour l'amour qu'il savait nous inspirer de notre patrie et de l'humanité toute entière, pour toutes ces choses qui font la noblesse de l'homme et le placent haut dans l'estime publique, que nous aimions Louis Seguy-Villevaleix, notre regretté maître, que nous vénérons sa mémoire et que nous vous avons conviés, Mesdames et Messieurs, à la vénérer et à l'honorer avec nous, en ce jour.

FIN

ANNEXE A.

Conseil de discipline et d'administration de l'École libre de droit.

M. B. Lallemand, *président du tribunal de cassation*, président ; Jérémie, *député du peuple, secrétaire du Conseil;* Alix Rossignol, *ancien magistrat, trésorier de l'École;* D. Légitime, *sénateur;* A. Dyer, *juge au tribunal de cassation;* E. Robin, *juge au tribunal civil;* Léger Cauvin, *avocat;* Henry Durand, *ancien magistrat;* Edouard Thébaud, *avocat;* Miguel Boom, *ingénieur;* Solon Ménos, Justin Dévot, *directeurs de l'École;* Edmond Lespinasse, Luxembourg Cauvin, *professeurs;* MM. J.-J. Audain, *directeur du « Peuple »*, M. Montasse, L. Paillière, Hérard Roy, A. Bourjolly, *Dr* Lamothe.

Souscripteurs et membres fondateurs (1).

Banque nationale . . . . P. 150
B. Rivière. 100
Th. Lahens. 100

---

(1) Art. 3 des Statuts : « Le comité de fondation, dès « maintenant constitué, se compose de . . . . . membres, « appartenant aux principales branches de l'activité sociale « en Haïti. » — Art. 4 : « Ces . . . . . membres s'engagent

***

L. Paillière (membre du Comité de propagande et de souscription) . . . . P. 100
M. Sylvain (membre du Comité de propagande et de souscription) 100
N. Carré. 100
Paul Painson. 100
Hérard Roy (membre du Comité de propagande et de souscription) 100
Carvalho. 100
Gauthier Ménos (membre du Comité de propagande et de souscription). 100
Aug. Martelly. 100
Alex. Bobo (membre du Comité de propagande et de souscription) 100
Etienne fils (membre du Comité de propagande et de souscription). 100
Abb. Martelly. 100
Art. Bourjolly (membre du Comité de propagande et de souscription) 100

« à contribuer au développement et à la perpétuation de « l'établissement; ils comprennent les citoyens qui s'obli- « gent à constituer les fonds nécessaires au fonctionne- « ment des trois premières années, en versant chacun la « somme de *cent piastres* au minimum. Cependant sont « exemptés de la contribution de *cent piastres* les mem- « bres fondateurs suivants : 1° le président du conseil « d'administration et de discipline; 2° le trésorier de « l'Ecole; 3° les directeurs de journaux et revues pério- « diques. » — Art. 7 : « Les membres du comité de fonda- « tion sont indéfiniment admis à tous les cours. »

Pétion Roy (membre du Comité de propagande et de souscription et 2e trésorier de l'École).	P.	100
Tanc. Auguste		100
C. Keitel et Cie.		100
B. Saint-Victor, secrétaire d'État.		100
H. Lechaud, secrétaire d'État.		100
Aug. Estève.		100
Adm. Malbranche		100
Ernest Rigaud (membre du Comité de propagande et de souscription.		100
Docteur Lamothe.		100
1re liste de souscription, reçue des Gonaïves (recouvrée par les soins de M. C. Rosalva).		102 50
Brenor Prophète.		100
Morin Montasse		100
G. Besson et E. Catts		100
Joseph Lacombe.		100
Artaud, secrétaire d'État		100
E. Demeuran et Cie		100
Catts Pressoir		100
Phipps Régnier		100
Solon Ménos		100
Rodewald et Cie.		50
Justin Dévot.		100
J.-J. Audain (don volontaire). (dispensé de souscrire comme directeur du *Peuple*). . .		40
Docteur Destouches		40 (1)

(1) Les souscriptions de *P.* 40 au moins donnaient droit au titre de membre adhérent et à l'admission gratuite aux cours pendant un an.

S. E	P.	10
Docteur Aubry		100
M. Lavaud (dispensé de souscrire comme directeur du journal *L'Œil*)		
S. Lafontant		100
M. Duplessis		100
M. Carré		100
Athanase Laforest		100
Ed. Coicou		100
M. Boze		
D. Barbancourt		
X..., souscription versée par l'entremise de M. Ed. Lespinasse		100
Cayes		
2e liste (recouvrées par les soins de M. Emn. Léon)		171
A. Bayard		20
F. Wolley et Cie		100
C. B		20
Liste de la Chambre des députés		28
Ludecke		25
Ed. Roumain (membre du Comité de souscription)		
G. Boco		
C. Fouchard		100
C. Bijou		20
D. Etienne		100
L. Horelle		62 50
Ernest Castera		40
Emmanuel Castera		40
Constant Vieux		

D. Sylvain. . . . . P. 30
J.-E. Caze. 40
M. Flambert 40
Docteur Scott. 40
Souscriptions de Saint-Marc (recouvrées par les soins de M. P. Joubert). 61
Docteur Roche Gsellier (membre du Comité de propagande et de souscription) 100
Rémy Bastien 60
A. Lara-Miot (dispensé de souscrire comme directeur du journal *La Vérité*). . . . . . .
A. Rossignol (dispensé de souscrire comme caissier). . . . .
B. Lallemand (dispensé de souscrire comme président du conseil d'administration). . . .
M. Boom (dispensé de souscrire comme rédacteur et co-directeur du *Messager industriel*) . . . .

Nous avons pu reconstituer cette liste avec les papiers qui sont en notre possession, mais bien des noms doivent manquer. Les souscripteurs omis nous excuseront. De plus nous n'avons pas fait figurer à côté du nom de certains souscripteurs le chiffre de leur versement, n'ayant pu le connaître d'une façon exacte. On doit ajouter, comme ayant donné un concours personnel soit pour la discussion et le vote des statuts, soit pour l'organisation de l'Ecole et son inauguration : MM. *E. Thébaud*, *J. Bouzon*, *D. Légitime*, *D. Lespinasse*, *A. Dyer*, *Henri Durand*, *L. Ethéart*, *Léger Cauvin*, *J.-J. Audain*, etc....., puis les professeurs de l'Ecole.

ANNEXE B.

(Extrait du *Moniteur* du 24 janvier 1889).

Port-au-Prince, le 22 janvier 1889, an 86e de l'Indépendence.

Le secrétaire d'Etat au département de l'Instruction publique, à son Excellence le Président d'Haïti.

Président,

Dès mon arrivée aux affaires, en prenant les rênes du département ministériel qu'il a plu à votre Excellence de confier à mon dévouement, ma première préoccupation a été de combiner les moyens de faire fonctionner « l'Ecole nationale de droit » tout en accordant certains privilèges à « l'Ecole libre » pour permettre à ses directeurs de poursuivre leur but.

Mais à peine ai-je conçu cette idée que je me suis trouvé en présence d'une difficulté qui arrêtait mes combinaisons : la gêne du trésor public, lequel ne peut s'imposer d'autres sacrifices que ceux nécessités par la guerre civile actuelle. J'ai vite compris qu'en prenant à sa charge, en ce moment, l'extension de deux établissements qui travaillent au même but, le gouvernement endosserait des responsabilités bien lourdes et risquerait de n'obtenir aucun résultat sérieux, obligé qu'il serait de négliger souvent, pour satisfaire un service plus pressé, le paiement de la rétribution qui leur serait allouée. Dans cette pensée, j'ai conçu le projet de fondre les deux écoles en une seule et même faculté, persuadé que par ce moyen il sera facile à l'administration supérieure d'accorder sa protection à l'enseignement si utile du droit. C'est pourquoi, Président, je n'ai pas hésité à convoquer de suite une commission composée de MM. Emmanuel Léon, N. Léger, Emmanuel Chancy, J.-J. Chancy, Justin Dévot et Solon Ménos à laquelle il a été demandé d'émettre son opinion sur l'opportunité de réunir les deux établissements. Ces Messieurs ont été d'accord sur cette transformation; et il m'a été permis de faire élaborer le projet de loi que je soumets à votre haute approbation. Il ne restera plus qu'à en demander la sanction à l'Assemblée législative, afin de consacrer d'une manière solennelle la création d'une institution unique pour l'étude de la science du droit, en attendant qu'il soit permis au pays d'en organiser de nouvelles, dans les différentes parties de la République.

La fusion que je propose d'opérer sera, Président, un bien immense que le gouvernement réalisera en faveur de notre jeunesse, si avide de connaissances utiles. En réunissant, en effet, ces deux écoles en une seule, il sera permis aux intelligences qui les dirigeaient naguère de se rencontrer sur un même terrain et dans une même communion d'idées, pour donner à l'œuvre commune l'expansion nécessaire, de telle sorte qu'elle puisse être appréciée par tous nos concitoyens et qu'elle produise les plus salutaires résultats. La réouverture de ces écoles de droit est attendue avec impatience. Chacun sent la nécessité aujourd'hui d'embrasser une carrière libérale. Combien sera grande la satisfaction des familles, lorsque par un acte officiel, la mesure que je propose pourra sortir son plein et entier effet? Je vous laisse, Président, le soin d'y penser, vous, dont le plus vif désir est de travailler sincèrement à la diffusion des lumières dans les masses, à la moralisation des Haïtiens par l'instruction distribuée à tous les degrés et rendue accessible aux intelligences les moins favorisées. Nul doute donc que mon projet ne soit accueilli par vous avec votre bienveillance habituelle pour les entreprises qui ont pour but de développer chez nous le véritable progrès et de consolider votre œuvre de régénération sociale en Haïti. Puissé-je avoir été heureux dans mon inspiration, en venant recommander à l'agrément de votre Excellence ce projet que je crois digne de l'attention des grands pouvoirs de l'Etat!

Il ne me reste plus à examiner qu'un point pour terminer cet exposé déjà trop long.

L'Ecole de droit réorganisée comme nous le pensons, offrira-t-elle des avantages réels au pays? Les éléments qui entraient dans l'administration des précédents établissements pourront-ils être introduits dans la nouvelle organisation? J'ose affirmer que le programme des études restera le même et que rien ne sera changé au mode d'enseignement déjà adopté. Au contraire, il est à espérer que, placée sous une direction habile, bien rétribuée, avec un personnel enseignant choisi parmi les brillants citoyens qui ont donné des preuves de leur dévouement et de leurs aptitudes dans l'une et l'autre institution, les résultats les plus consolants viendront couronner nos patriotiques efforts. D'ailleurs, les anciens directeurs et professeurs de l'Ecole libre de droit sont disposés, Président, à prêter au gouvernement leur concours le plus loyal et le plus empressé pour mener cette entreprise à bonne fin, en y introduisant tous les éléments propres à en assurer la vitalité.

Au reste, il me suffit de vous rappeler l'entrain avec lequel ces Messieurs ont établi leur école, développé leur programme d'études et réalisé les progrès maintes fois proclamés, pour démontrer combien ils ont eu une foi ardente dans la réussite de leur œuvre et combien ils méritent d'attirer l'attention du gouvernement..... Il leur a fallu de la fermeté et une bonne volonté pour soutenir et conduire pendant de longs mois, et sous un régime qui n'entendait point encourager l'initiative privée, une entreprise qui a su s'attirer l'estime et la sympathie de tous les honnêtes gens et de tous les cœurs généreux.

Daignez agréer, Président, l'hommage respectueux de mon entier dévouement.

Port-au-Prince, le 23 janvier 1889, an 86e de l'Indépendance.

Le secrétaire d'Etat au département de l'Instruction publique.

Loi.

TITRE I.

Art. 1. — L'*École libre de droit* et l'*École nationale de droit* créées, la première par l'initiative privée et la seconde par l'Etat, sont réunies en un seul établissement sous le nom d'*Ecole de droit de Port-au-Prince.*

TITRE II.

DE L'ENSEIGNEMENT.

Art. 2. — L'enseignement de l'École comprend : le *droit civil;* le *droit criminel;* le *droit commercial;* la *procédure civile;* l'*économie politique;* l'*histoire générale du droit romain, du droit français et du droit haïtien* et la *généralisation du droit romain;* le *droit administratif;* le *droit international privé et public;* le *droit constitutionnel.*

Art. 3. — Ces matières sont réparties dans l'ordre ci-après qui pourra être modifié par le conseil des professeurs :

Première année. — *Introduction générale à l'étude du droit, et droit civil jusqu'aux successions. Droit pénal et Instruction criminelle.*

Histoire générale et généralisation du droit romain, histoire générale du droit français et du droit haïtien. Procédure civile.

Deuxième année. — *Droit civil jusqu'au contrat de mariage.*
Économie politique.
Droit commercial.
Droit international privé et public.

Troisième année. — *Droit civil jusqu'à la fin du Code.*
Droit administratif.
Droit commercial.
Droit constitutionnel.

TITRE III.

DES ÉTUDES, DES EXAMENS ET DES DEGRÉS.

Art. 4. — La durée des études est de trois ans.

Art. 5. — Les étudiants sont astreints à subir, à la fin de chaque année scolaire, un examen sur les matières enseignées pendant l'année.

Art. 6. — Après le deuxième examen annuel le candidat qui sera trouvé capable, obtiendra un diplôme de bachelier en droit.

Art. 7. — Après l'examen de la troisième année, l'étudiant qui l'a subi avec succès a droit à un diplôme de licencié.

Art. 8 — Les diplômes, signés du ministre de l'instruction publique, seront visés par le Président du conseil supérieur de l'instruction publique et par le doyen de l'École.

Ils ne pourront être délivrés que sur un certificat du jury d'examen constatant les notes obtenues par l'étudiant et son mérite personnel.

Art. 9. — Il pourra aussi être délivré des certificats de capacité aux étudiants qui auront été examinés sur le *droit civil* (1re et 2e année) le *droit criminel* et la *procédure civile.*

TITRE IV.

DES FONCTIONS POUR LESQUELS L'ÉTUDE DU DROIT ET L'OBTENTION DES GRADES SERONT NÉCESSAIRES.

Art. 10. — Trois ans à partir de l'ouverture de l'École, nul ne pourra être appelé à l'exercice des fonctions de juge ou suppléant-juge, commissaire du gouvernement ou leurs substituts dans les tribunaux de la République s'il ne représente un diplôme de licencié.

Art. 11. — A l'expiration du même délai, nul ne pourra exercer la profession d'avocat, sans être muni d'un diplôme de licencié.

Art. 12. — Nul ne pourra, à la même époque, obtenir un office de notaire ou d'huissier, s'il ne possède un certificat de capacité.

TITRE V.

DES PROFESSEURS ET DE LEUR CONSEIL.

Art. 13. — Les professeurs seront nommés à vie. Ils ne sont pas révocables, sauf décision contraire du conseil de discipline prise à la majorité des deux tiers.

Art. 14. — Ils forment le conseil d'enseignement, de discipline et d'administration de l'Ecole.

Art. 15. — L'Ecole aura à son ouverture, *huit* professeurs et un an plus tard *douze*. Il pourra leur être adjoint des répétiteurs.

Art. 16. — A chaque vacance de place, il sera ouvert, pour y pourvoir, un concours public dont les professeurs seront les juges.

Les nominations n'auront jamais lieu que sur présentation du conseil des professeurs, qui fera aussi la distribution des cours entre ses membres.

Art. 17. — Le conseil des professeurs en ses attributions

disciplinaires, applique aux élèves, sur la demande du doyen, la censure et l'exclusion temporaire. Il applique aussi les mêmes peines, plus la réprimande, à ses propres membres, à la majorité des deux tiers. L'exclusion définitive ne peut être prononcée que par le conseil de l'instruction publique, sur la plainte du conseil des professeurs.

Art. 18. — Le conseil élira un doyen qui le présidera et administrera l'École.

Art. 19. — Chaque professeur recevra mensuellement P. 150 et le doyen P. 200 (1).

TITRE VI.

DE L'ADMINISTRATION.

Art. 20. — Il y aura un directeur-doyen nommé comme il est spécifié en l'art. 18 pour deux ans avec faculté d'être réélu indéfiniment, un secrétaire-archiviste et un employé sous ses ordres, nommés par le gouvernement sur présentation du conseil des professeurs.

---

(1) Nous avons déjà fait ressortir l'insuffisance de ces chiffres. Quant à la rémunération qui est actuellement accordée aux professeurs de l'*École nationale de droit*, elle est presque dérisoire. — Elle n'est que de P. 100 et se trouve dépassée par celle de certains professeurs de l'enseignement secondaire, gagnant P. 100 (en or). — Il y a donc à cet égard manque de *convenance;* il y a de plus manque d'*équité* car ce minime traitement est loin d'être l'équivalent du travail qu'exige cet enseignement. Il couvre à peine le tiers des dépenses que nécessite l'entretien du professeur et celui de sa famille.

Art. 21. — Le secrétaire-archiviste recevra mensuellement P. 80, et l'employé P. 30. Il tient la correspondance, les registres et les archives de l'Ecole.

Il est responsable des titres et pièces déposés au secrétariat ainsi que de l'entretien et de la conservation des livres de la bibliothèque.

TITRE VII.

Art. 22. — Il sera pourvu, par des règlements d'administration publique, à l'exécution de la présente loi et notamment à ce qui concernera :

1° La désignation détaillée des matières de l'enseignement, des livres à employer, la fixation des jours et heures d'études et la durée des vacances;

2° La forme et le nombre des inscriptions à prendre par les élèves et les conditions d'admission à l'Ecole;

3° Les frais d'examen et leur forme;

4° L'organisation intérieure de l'Ecole;

5° La forme et la délivrance des diplômes;

6° L'établissement d'une bibliothèque pour faciliter les recherches des professeurs et les études des élèves.

DISPOSITIONS TRANSITOIRES.

Art. 23. — Les quatre professeurs de l'École libre de droit font, *de plano*, partie de la nouvelle Ecole ainsi que les professeurs déjà nommés pour l'Ecole nationale.

Art. 24. — Les élèves de l'Ecole libre entreront dans l'établissement comme étudiants de *deuxième année* et ceux de l'École nationale comme étudiants de *première année*.

Art. 25. — Le tableau des membres fondateurs de l'Ecole libre de droit sera *honoris causâ*, placé dans la salle du conseil.

Art. 26. — Le conseil d'administration et de discipline de l'Ecole libre de droit est maintenu et proposera à la nomination du gouvernement les candidats pour les charges non remplies de professeur jusqu'à concurrence de douze et pour celles de répétiteur, s'il y a lieu. Les quatre professeurs de troisième année ne seront nommés que l'année prochaine.

A l'expiration de son temps, il ne sera pas renouvelé.

Art. 27. — L'Ecole libre de droit met provisoirement à la disposition du gouvernement son matériel tel qu'il se compose actuellement.

ANNEXE C.

Port-au-Prince, le 6 mars 1891.

Aux membres fondateurs de « l'École libre de droit ».

Messieurs,

Vous pouvez vous rappeler que dans les statuts de l'*École libre de droit* il avait été prévu que des conférences pourraient être données à l'Ecole, en dehors des cours et par des personnes étrangères au personnel enseignant. L'art. 21 indiquait les conditions et la procédure à observer pour l'organisation de ces conférences. Il s'exprimait en ces termes : « *Sur la décision du conseil* (d'administration) « *la salle des cours peut être mise gratuitement à la dis-* « *position de toute personne qui demande à y faire une* « *conférence.*

« *Cependant, si la conférence est payante, une partie* « *des bénéfices doit être attribuée aux finances de l'École.*

« *Celui qui veut donner la conférence adresse sa* « *demande au secrétaire de l'Ecole en y indiquant le su-* « *jet qu'il se propose de traiter.* »

Vous savez, d'autre part, par le rapport que j'ai eu l'honneur de vous adresser dans le courant de l'année dernière, que l'Ecole libre de droit avait dû, en présence des événements politiques qui se sont déroulés dans le pays, de fin 1888 à fin 1889, fermer ses portes et suspendre ses cours, et que la fusion projetée de cet établissement, et de l'*Ecole nationale de droit* ne fut pas réalisée au retour de la paix. L'enseignement de l'Ecole libre ne fut pas repris non plus à ce moment et il était d'autant moins opportun de le reprendre qu'un enseignement similaire se donnait gratuitement dans l'École de l'État rétablie par le gouvernement.

Mais les dépenses faites pour l'École libre, de sa fondation à sa fermeture, n'ont pas épuisé le total des souscriptions recueillies pour l'œuvre. Il reste en caisse, à cette date, en se reportant aux chiffres fournis par le trésorier, M. Pétion Roy, dans son exposé du 26 avril dernier, une valeur de P. *2049.80* c. dont P. *1106.50* c. en billets et P. *943.30* c. en or américain.

La question se pose donc pour nous tous, Messieurs, de savoir quelle suite utile peut être donnée à cette entreprise qui n'a pas manqué son but, puisqu'en définitive le pays se trouve doté d'une école de droit. Il s'agit de trouver pour ces fonds un emploi digne de leur origine en les effectant à une œuvre qui, par sa nature et ses résultats, réponde à l'idée et au sentiment patriotiques auxquels nous avons obéi en contribuant à la fondation de l'Ecole libre de droit.

Je crois, pour ma part, d'accord en cela avec beaucoup d'entre vous déjà verbalement consultés, que la création d'une *salle de cours libres et de conférences* où se poursuivrait sous une forme différente, plus souple, plus familière et plus variée aussi, l'action bienfaisante des cours libres de l'ancienne Ecole, donnerait satisfaction à un besoin réel de notre jeunesse studieuse et de cette partie du public intelligent et cultivé en qui n'a pas périclité le goût des hautes études et des recherches scientifiques. Du même coup se trouverait également satisfait le légitime désir que vous avez nécessairement tous d'assurer à l'argent versé pour une œuvre d'utilité sociale une application qui ne s'écarte pas trop de sa destination première. Cette nouvelle fondation, qui du reste était en germe dans les statuts de l'Ecole libre, ainsi que le montre l'article plus haut cité, sera une nouvelle preuve donnée au public de la pensée sérieuse et patriotique qui avait présidé à la création de l'Ecole libre de droit.

Elle démontrera à tous que ses fondateurs restent entièrement dévoués au progrès d'Haïti.

Je viens en conséquence, Messieurs, vous proposer au nom d'un groupe de fondateurs de l'Ecole libre de droit dont je fais partie, de consacrer le reliquat de la souscription à l'achat d'un terrain et à la construction *d'une salle de conférences*. Ceux d'entre vous qui voudront bien adhérer à cette proposition auront la bonté de marquer leur adhésion en mettant le mot « accepté » à côté de leur nom, sur la présente circulaire.

Dans l'attente d'un accueil favorable, dont j'ai du reste la certitude, je me souscris, Messieurs, votre bien dévoué.

Justin DÉVOT.

ANNEXE D.

Le livre « *Les Détracteurs de la race noire et de la République d'Haïti* » fut l'objet de plusieurs comptes rendus des plus élogieux ; nous reproduisons ci-après un extrait de l'article fraternel qu'y consacra dans la *Revue occidentale*, le docteur Robinet, positiviste de l'école d'Auguste Comte et collaborateur de M. Pierre Laffitte, directeur de la *Revue*, l'éminent professeur bien connu du monde savant.

« Auguste Comte, dans le plan d'organisation qu'il a indiqué dès 1848 pour assurer la propagation et l'avènement du positivisme et qu'il a repris et développé dans son *Traité de politique positive*, recommande très spécialement l'institution d'un comité composé d'hommes politiques et de philosophes, de praticiens et de théoriciens, pour présider à ce grand mouvement. Il dit entre autres : « Il (le comité « positiviste) complétera enfin son organisation fondamen- « tale en s'adjoignant deux représentants de la race noire, « l'un émané de la portion qui sut énergiquement briser « un monstrueux esclavage (les nègres d'Haïti), l'autre de « celle restée encore étrangère à l'ascendant occidental « (les nègres d'Afrique). *Quoique notre orgueil suppose « celle-ci condamnée à une irrévocable stagnation*, sa « spontanéité la disposera mieux à accueillir la seule phi-

« losophie qui puisse apprécier le fétichisme, origine néces-
« saire de toute l'évolution préparatoire. » (*Système de politique positive*, t. I, p. 392).

Ainsi, le fondateur du positivisme, repoussant des préjugés ineptes et barbares, n'admet, entre les diverses races humaines, y compris la race noire, que des différences de développement et non pas une inégalité intrinsèque, physiologique, ce qui autorise à penser que les nègres, selon lui, accéderont, comme les jaunes et les blancs, à la synthèse scientifique, c'est-à-dire au plus haut degré de civilisation que puisse atteindre l'espèce humaine; et il en est assez convaincu pour vouloir assigner aussitôt aux représentants de *cette race* leur place nécessaire dans le comité cosmopolite dont il prescrit à ses disciples la prochaine institution.

Telle n'est point assurément la manière de voir de la *Revue politique et littéraire*, un organe de publicité cependant sérieux, qui, dans son numéro du 21 janvier dernier, par la plume de M. Léo Quesnel, n'a pas craint de dénier non seulement à tous les nègres en général, mais même aux Haïtiens en particulier, la qualité d'adultes, d'hommes proprement dits, et les présente comme formant une race d'enfants ou de *minus habentes*, incapables de s'élever à la virilité, et condamnés à une infériorité irrémédiable.

La réponse à une théorie aussi peu justifiable et aussi peu fraternelle ne s'est pas fait attendre; elle est venue des intéressés eux-mêmes : décisive, inexorable, malgré sa réserve et sa profonde urbanité.

L'échantillon du savoir, du savoir-vivre et du savoir-faire des noirs est véritablement ici des plus remarquables, et

M. Quesnel n'a pas à se louer de les avoir ainsi méconnus et provoqués. . . . .

. . . .

La *Revue politique et littéraire* ayant jugé à propos de ne pas insérer les réfutations que les Haïtiens opposaient aux propos un peu trop libres de M. Quesnel, ceux-ci demandèrent et obtinrent facilement l'hospitalité dans les colonnes de plusieurs journaux républicains, *le Rappel*, *l'Evénement*, *la Justice*. etc. Ce sont les articles insérés dans ces journaux et réunis en volume, qu'ils viennent de publier sous ce titre : *Les détracteurs de la race noire et de la République d'Haïti*. Il y a là, nous nous empressons de le dire, une œuvre forte, indignée, palpitante, dont nous recommandons la lecture à tous nos amis.

Mais avant d'en dire quelques mots, peut-être serait-il bon de faire connaître la critique de M. Léo Quesnel. .

. . . .

. . . .

Mais trève à tous ces manquements! Contentons-nous de dire que nos frères d'Haïti frères en l'humanité et frères par la République, ont vigoureusement, noblement et victorieusement réfuté erreurs et insultes dans la protestation dont nous avons parlé, et qu'ils n'ont rien laissé debout de ce qui leur était jeté à la face.

Une chose, d'ailleurs, peut faire compensation pour eux à l'injure qu'ils ont reçue : c'est que la *Revue politique et littéraire* n'est guère plus douce à certains blancs qu'aux noirs en général. A preuve ce « petit bourgeois d'Arcis-sur Aube » un nommé Danton, qui est arrangé de la belle sorte par feu Villemain, dans le numéro même où M. Quesnel *tombe* la glorieuse fille de Toussaint-Louverture. . .

. . . .

. . . .

La perfectibilité de la race noire, son intelligence, son énergie, sa sociabilité, sa souplesse à suivre toutes les flexuosités et toutes les délicatesses de la civilisation la plus raffinée et à s'assimiler ses résultats moraux, scientifiques et esthétiques, ressortent avec éclat de la réponse aux détracteurs d'Haïti, et sont de nature à lever tous les doutes s'il en pouvait exister.

Quel Français ne tiendrait à honneur de sentir, de penser et de s'exprimer, sur son pays, comme ces nobles jeunes gens, comme ces ardents patriotes, comme ces fiers républicains ?

Nous ne voulons, aujourd'hui, retenir de leur livre si plein de cœur, d'intelligence et de foi, que cette épigraphe à la patrie : « *Plus on te calomnie, plus nous t'aimons* » et cette observation si touchante de M. Dévot : « *Je pense qu'il faut aimer son pays comme on aime sa mère, sans phrase et sans apprêt.* »

Avec de tels enfants, l'avenir d'Haïti nous paraît assuré. »

(signé) Docteur ROBINET.

M. le docteur Robinet est lui-même un noble cœur, un esprit élevé, un bon Français, un digne disciple de cette haute et forte philosophie construite par Auguste Comte, à laquelle l'avenir réserve, nous en avons l'assurance, une éclatante revanche des calomnies et des injustes critiques dont on l'abreuve. On lui est hostile, parce qu'on ne la connait pas. Les doctrines qu'elle enseigne ne sont pas, comme on le dit et comme beaucoup le croient, desséchantes et décourageantes. L'esprit y acquiert une trempe solide et le cœur s'y nourrit d'idées et de sentiments propres à élever la dignité de l'espèce. Elle n'est nullement l'ennemie de l'idéal. Etudiez-la avant de la juger (1892). J. D.

TABLE DES MATIÈRES.

Paris. — Imp. F. PICHON, 282, rue Saint-Jacques, et 24, rue Soufflot.

www.ingramcontent.com/pod-product-compliance
Lightning Source LLC
Chambersburg PA
CBHW070549200326
41519CB00012B/2167

* 9 7 8 2 0 1 9 1 6 5 7 3 4 *